Kapitel 9
Kapitel 6
Kapitel 5
Hardtwald
Breiter Weg
Leibnitzstraße
twald-
dlung
Hölderlinweg
Philosophenweg
Jüdischer
Friedhof
Seulberg
Obereschbacher Grenzweg
torium
Herderstraße
Trimm-
Dich-Pfad
Reha-Zentrum
W.-Reimers-
Stiftung
Am Wingertsberg
Aussichtsturm
Ellerhöhe
Am Pilgerrain
Am Zollstock
Paul-Ehrlich-Weg
Thai-Sala
im Park
Kaiser-
Wilhelms-Bad
Schule
Altenheim
Ellerhöhweg
Quellenweg
Moselstraße
Niddastraße
Kurpark
Kissoleffstraße
Spielbank
Schmuck-
platz
Samariter-
brunnen
Musik-
pavillon
Klinik
Kisseleffstraße
Weinbergsweg
Kirdorfer Bach
Orangerie
Elisabethen-
brunnen
Kulturzentr.
Engl.
Kirche
Russische
Kirche
Taunus
Therme
Seedammweg
Schule
Kinzigstraße
Ferdinandstraße
Ferdinands-
platz
Kaiser-
Augusta-
allee
Gericht
Stift-Tepl-Str.
A. d. Steinkaut
Friedrichsdorfer Straße
Rathaus
Rathaus-
platz
Louisenstraße
W.-Meister-
Straße
Friedrich-
Promenade
Seedamm-
bad
An d. Blumengärten
Friedhof
Gonzenheim
Marien-
bader
Platz
Technisches
Rathaus
Stadt-
werke
Römerstraße
Alt-Gonzenheim
Ev.
Kirche
Landstr.
Basler Straße
Am Hohle-
brunnen
Europa-
kreisel
Frankfurter
Landstr.
Haberweg
Frankfurter
Quirinstraße
Am Bahnhof
Bahnhof
Horexstraße
Lange
Feldstraße
Feldstraße
Gotenstraße
TÜV
Heilig-Kreuz-
kirche
Schule
Meile
Auf der Schanze
Pappelallee
Gonzenheim
Else-
Kröner-Straße
In der Lach
Foellerweg
Am Römischen Hof

Bio-Laden

Ruxandra-Maria Jotzu

Bad Homburg zu Fuß

Die schönsten Sehenswürdigkeiten zu Fuß entdecken

SOCIETÄTS VERLAG

Die Angaben und Informationen in diesem Buch sind aktuell recherchiert und vor Drucklegung sorgfältig überprüft worden. Sie erheben keinen Anspruch auf Vollständigkeit zum Zeitpunkt der Veröffentlichung. Trotzdem ist darauf hinzuweisen, dass sich Telefonnummern, Öffnungszeiten und andere Angaben ändern können. Weder die Autorin noch der Verlag übernehmen trotz größtmöglicher Sorgfalt Verantwortung und Haftung für eventuelle Fehler.

FSC
www.fsc.org
MIX
Papier aus verantwortungsvollen Quellen
FSC® C083411

2. aktualisierte und erweiterte Auflage

Satz: Julia Desch, Societäts-Verlag
Umschlaggestaltung: Julia Desch, Societäts-Verlag
Umschlagabbildung: © Ruxandra-Maria Jotzu
Karten: GeoGrafik, Axel Bengsch + Peh & Schefchik
Druck und Verarbeitung: CPI books GmbH, Leck
Printed in Germany 2021

ISBN 978-3-95542-358-2

Besuchen Sie uns auch im Internet:
www.societaets-verlag.de

Inhalt

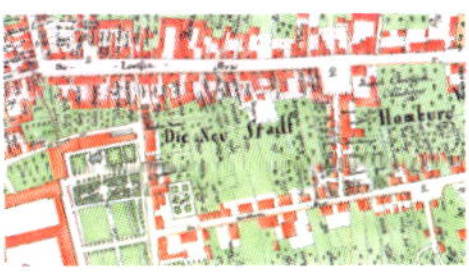

Vorwort

Facettenreich und überraschend, so präsentiert sich Bad Homburg. Traditionsbewusst und offen für Neues zugleich.
Bad Homburg ist eine Stadt von überraschender Vielfalt: In harmonischem Nebeneinander zeugen Fachwerkbauten, barocke Stadthäuser und elegante Kurvillen von der Entwicklung der einstigen landgräflichen Residenzstadt zum Kurbad von internationalem Rang. Dass diese Zeugen der Vergangenheit heute in neuem Licht erstrahlen können, ist der stetigen Weiterentwicklung der Stadt als Industrie- und Dienstleistungsstandort zu verdanken – Bad Homburg beherrscht die Kunst, Tradition und Innovation zu vereinen.

Alle Wege führen nach Rom, und alle wichtigen Wege der Rhein-Main-Region führen durch Bad Homburg: Der Hölderlin-Pfad, die Via Brentano – Route der Romantik, die Route der Industriekultur und die Route des Regionalparks Rhein-Main.

Für Literaten ist der Name der Stadt ein Begriff in Verbindung mit Heinrich von Kleists „Prinz von Homburg" oder mit Hölderlin und dem Friedrich-Hölderlin-Preis, Musikbegeisterte kennen Bad Homburg als Veranstaltungsort des renommierten Orgelfestivals Fugato, Kunstinteressierte pilgern alle zwei Jahre der Blickachsen-Ausstellung wegen in die Stadt. Für Liebhaber legendärer Motorräder ist die Stadt mit dem Namen Horex verbunden, für Freunde der Gartenkunst schließlich mit den wieder zum Leben erweckten Parks der einzigartigen Landgräflichen Gartenlandschaft – es gibt unzählige Gründe, Bad Homburg kennen und lieben zu lernen.

Auf welcher Route Sie auch kommen mögen: Kommen Sie mit und entdecken Sie neue Facetten der Stadt im Grünen! Die zweite Auflage dieses Spazierführers spiegelt die fortwährende Entwicklung der Stadt wider und wurde zusätzlich um eine Route erweitert, die moderne Städtebaukultur und Naturgenuss verbindet.

Ruxandra-Maria Jotzu,
leidenschaftliche Spaziergängerin

1

Runde Türme, Fachwerkhäuser und eine fliegende Brücke: Die Altstadt

Runde Türme, Fachwerkhäuser und eine fliegende Brücke: Die Altstadt

Länge: etwa 1,5 Kilometer
Strecke: Laufen durchs Stadtgebiet, moderate Steigungen, einige Treppenstufen

Wir fangen unseren Rundgang am Platz vor dem Untertor an, so können wir schon nach wenigen Schritten vollkommen in die Atmosphäre der Altstadt eintauchen. Bis vor wenigen Jahren war man sich einig, dass die Siedlung in der Niederung des Mußbaches 782 n. Chr. im Lorscher Codex urkundlich erwähnt wurde, und so hat man 1982 ausgiebig 1.200 Jahre Bad Homburg gefeiert. Grabungsergebnisse aus dem Jahr 2002 sprechen dagegen, so bleibt die Entstehungszeit der Siedlung weiterhin ein Objekt wissenschaftlicher Untersuchungen, was dem Charme der Altstadt keinen Abbruch tut.

Auf der Anhöhe oberhalb des Dorfes entstand im 12. Jahrhundert eine Turmburg, vor deren Toren sich eine Ansiedlung bildete. Diese erhielt schon in der ersten Hälfte des 14. Jahrhunderts Stadtrechte,

„Die Alt-Stadt Homburg" – Ausschnitt aus dem Bruck'schen Stadtplan von 1787 (Rekonstruktion 1991)

der Talsiedlung wurden sie erst im 16. Jh. zuteil. Die **Altstadt** (so genannt seit der Gründung der barocken **Neustadt**) bestand aus zwei klar voneinander getrennten Bereichen: „Tal“ und „Schloss“.

An der Einmündung der zwei wichtigsten Straßen der Altstadt, Rind'sche Stiftstraße und Mußbachstraße, steht das von Louis Jacobi entworfene, 1898 eingeweihte **Denkmal** für **Johann Christian Rind** (1726–1797). Es erinnert an das Wirken des „edlen Mannes“, dessen Vermächtnis – das Errichten eines „Bürgerhospitals“ – bis heute, als Rind'sches Bürgerstift, Bestand hat. Der Kaufmann hinterließ sein gesamtes Vermögen, um „alten, verdienstvollen Greisen“

Johann Christian Rind

Entlang der Rind'schen Stiftstraße

(gemeint waren Frauen ab 50 und Männer ab 60 Jahren!) einen ruhigen Lebensabend zu ermöglichen. Die Form des Denkmals, das einer Ruhebank mit hoher Lehne ähnelt, hat durchaus Symbolcharakter.

Wir folgen der Rind'schen Stiftstraße bergauf; die giebelständigen Fachwerkhäuser auf der linken Straßenseite tragen zu einem lebendigen Straßenbild bei. Wohnhaus und Hofraum wechseln einander ab, so dass der öffentliche Raum keine lineare Begrenzung erfährt, was dazu führt, dass man die Straße durchaus nicht als zu eng empfindet.

Was eine wahrhaft enge Gasse ist, das erfahren wir, wenn wir links am Wohnhaus Nr. 28 abbiegen, um zur ehemaligen **Weede** zu gelangen. Liebevoll gepflegte Gärten säumen den Weg. In wenigen Augenblicken erreichen wir einen schattigen Platz, entstanden an der Stelle der 1879 trockengelegten Weede – der Teich, der als Pferdetränke und -schwemme, Löschteich, Fisch- und Badeteich diente. Gespeist wurde die Weede durch einen künstlichen Arm des Hubbaches, der auch die damalige **Stadtmühle** versorgte. Eine Tafel, die an das liebevoll restaurierte Haus Mühlgasse Nr. 2 angebracht ist, erinnert an ihr wechselvolles Schicksal.

An der Weed

Hier, „An der Weed“, steht auch das älteste datierte Haus der Altstadt: Die Instandsetzung des 1505 – 1508 errichteten Fachwerkhauses mit mintgrünen Fensterrahmen und grauem Gefache wurde 1991 mit dem Architekturpreis des Hochtaunuskreises ausgezeichnet (Rind'sche Stiftstraße 18). Der beschauliche Platz – eine gelungene städtebauliche Lösung im Herzen der Altstadt – lädt zum Verweilen ein. Einmal im Jahr, zum Laternenfest, herrscht hier ausgelassene Feststimmung.

Wir steigen die Stufen zur Neuen Mauerstraße hinauf und können auf der gegenüberliegenden Straßenseite (Hausnummer 4) einen Rest der alten Stadtbefestigung entdecken. Der Neuen Mauerstraße nach rechts folgend gelangen wir in die Höhe des ehemaligen „Ober-Thores“ und biegen wieder rechts ab. An prominenter Stelle beherrschen die Häuser Obergasse 4 (im Kern 16. Jahrhundert, um 1700 überformt) und 2 (mit verwunschenem Garten und einem „strategisch“ platzierten Erker) den Straßenraum.

Blick von der Neuen Mauerstraße in Richtung Obergasse

Unser Weg führt weiter zwischen den Häusern Rind'sche Stiftstraße 2 und Rathausstraße 12 die Rind'sche Stiftstraße hergab. **Das Haus der Altstadt**, ein Fachwerkhaus mit barockem Krüppelwalmdach und einer klaren, axialen Fensteranordnung, zeigt im Erdge-

Blick zum Haus der Altstadt

In der Schmidtgasse

Hier wohnte Johann Conrad Bürgy

schoss einen für die Zeit um 1870 typischen Ladeneinbau. In den 70er Jahren des 20. Jahrhunderts, als die Existenz der gesamten Altstadt mit einem großen Fragezeichen versehen war, wurde die Instandsetzung dieses Hauses zum Symbol. In einer Art Umkehrung der Broken-Windows-Theorie wurde hier ein positives Zeichen an markanter Stelle gesetzt, und die Hoffnung, dieses Beispiel würde Schule machen, hat sich mehr als erfüllt.

Das 1994 renovierte Fachwerkwohnhaus Rathausstraße 12 stellt dazu ein wichtiges städtebauliches Pendant. Auch dieser Bau, der malerisch die Straßenecke belebt, ist dem Barock verpflichtet, wobei er im Kern älter ist.

Dem Straßenverlauf folgend laufen wir an Häusern mit grünen oder bordeauxfarbenen Fensterläden und blühenden Rosenstöcken vorbei, passieren das Haus von Johann Christian Rind (Nr. 7) und gehen auf ein blumengeschmücktes Haus zu, das an der Ecke der

Die „Neue Straßenbrücke", heute Ritter-von-Marx-Brücke, als Postkartenmotiv Anfang des 20. Jh.

Schmidtgasse dazu einlädt, dort entlang weiterzugehen. Das denkmalgeschützte Haus hat liebevoll sein „Territorium" mit Blumen und einladenden Bänken in den Straßenraum hinein erweitert.

Dass die Menschen hier gerne wohnen, kann man auf Schritt und Tritt spüren – das Haus Schmidtgasse 1 sei nur ein Beispiel dafür. In der Sichtachse der Straße steht ein markantes Fachwerkhaus mit Mansardwalmdach, das ab 1764 für zwei Jahrzehnte von Johann Conrad Bürgy bewohnt wurde. 1721 im Kanton Schaffhausen geboren, lebte der Orgelbauer ab 1764 bis zu seinem Tod 1792 in Homburg. Das bekannteste Werk aus seiner Werkstatt ist die Orgel für die damalige Homburger Stadtkirche, die heute noch erklingt.

Vor uns erhebt sich, für einige Augenblicke nur, die Silhouette des Weißen Turms, den wir gleich aus den Augen verlieren – wir folgen rechts dem Straßenverlauf, entlang des ehemals offenen Mußbaches und biegen links in die Straße Hinter den Rahmen ab.

Unvermittelt taucht ein Bogen der **Ritter-von-Marx-Brücke** auf und offenbart die Existenz einer anderen Ebene, auf der sich das Leben scheinbar ohne Zusammenhang mit der Altstadt abspielt. Ein einziges Gebäude scheint den „Sprung“ nach oben geschafft zu haben – es ist, linker Hand, das **ehemalige Hotel „Zur Brücke“**.

Erbaut als erstes Fly-Over Europas, um durch die Überbrückung der Altstadt eine bessere, flüssigere Verbindung zu den neu ausgewiesenen Baugebieten im Westen und nicht zuletzt zur Saalburg zu schaffen, trägt die Brücke seit 1955 den Namen des Initiators der Stadtexpansion, des tatkräftigen Visionärs Landrat Dr. Ernst Ritter von Marx (1869 - 1944), dessen Siedlungspolitik das moderne Bad Homburg geprägt hat. Nach nur 11 Monaten Bauzeit konnte die Brücke pünktlich zu den Kaisermanövern 1905 ihrer Bestimmung übergeben werden; der automobilbegeisterte Kaiser Wilhelm II. befuhr sie als erster in Richtung Saalburg.

Das Straßenbild bleibt weiterhin von farbenfrohen, aufmerksam instandgesetzten Häusern bestimmt. Das Haus Nr. 16, Rest einer ehemaligen Hofreite, kann, wie das Haus Nr. 12/14, auf den Anfang des 18. Jahrhunderts datiert werden. Die Restaurierung dieses Fachwerkhauses wurde – als Abenteuer, das Mut zur Nachahmung machen sollte – Ende der 1970er Jahre filmisch dokumentiert.

Dr. Ernst Ritter von Marx

Ein Tor öffnet sich in der Schlossmauer, vor uns erhebt sich der Anfang des 20. Jahrhunderts auf altem Fundament wiederaufgebaute **Turm** der mittelalterlichen Stadtbefestigung, links erinnert ein Spielplatzschild daran, dass wir uns

Brücke und Altstadthäuser im Dialog

dennoch in der Gegenwart befinden. Wir laufen weiter unter der Brücke hindurch, spüren ihre massive Präsenz und gehen einige Schritte nach rechts, an den Brückenpfeilern entlang, um die **Güldene Treppe** – einst wichtigste Verbindung zwischen „Schloss" und „Tal", 1821 vom Landgraf Friedrich VI instandgesetzt – zu entdecken. Von hier unten erscheint das **Wärterhäuschen** an der Brücke wie ein massiver Festungsturm, und die vom wilden Wein verdeckten Reste der Stadtbefestigung, die heute noch die Burggasse säumen, umgibt eine romantische Aura.

Wir wenden uns wieder der Mußbachstraße zu. Beim Haus Nr. 23 ist die bemerkenswerte Eingangstür ein museales Element. Gegenüber dem benachbarten, ebenfalls denkmalgeschützten Haus öffnet sich ein Durchgang, der hinauf zur Burggasse führt. Vor uns erhebt sich der **Stumpfe Turm** – ein Zeuge der Begeisterung für das Mittelalter, die Landgraf Friedrich VI. Anfang des 19. Jahrhundert dazu veranlasste, auf Fundamente der Stadtbefestigung einen Turm mit Zinnenkranz wiederaufzubauen.

Das Erdgeschoss des Fachwerkhauses an der Ecke Burggasse/Rathausstraße erhielt in der zweiten Hälfte des 19. Jh. ein elegantes Schaufenster im Geiste der Zeit. Auf der gegenüberliegenden Straßenseite (Rathausstraße 17) steht ein 1584 erbautes Haus, das lange als ältestes Bad Homburgs galt. Viele Details verdienen einen zweiten Blick.

Haus Mußbachstraße 23

Der **Rathausturm** – einziger Überrest des 1820 wegen Baufälligkeit abgetragenen Rathauses – gehörte zur Wehranlage der Stadt. Eine heute noch sichtbare Steinkonsole trug früher den Wehrgang der Befestigungsmauer. Der Wappenstein oberhalb des Eingangs stammt vermutlich vom Rathausgebäude selbst, oberhalb des Kegeldachs ist die Wetterfahne von 1646 zu sehen. Die romantische Stimmung verfliegt, wenn man sich die Geschichte der Hexenverfolgung vergegenwärtigt – der Turm diente nämlich in der düsteren Zeit der Homburger Hexenverfolgung zugleich als Verlies. Hier wurden die Opfer der Denunziationen bis zu ihrem „Prozess" (so unglaublich es klingen mag, der Anschein sollte gewahrt werden!) festgehalten. Weit mehr als 70 Menschen fielen im Homburg des 17. Jahrhunderts dem Hexenwahn zum Opfer – eine grausam hohe Zahl gemessen an der damaligen Größe von Stadt und Amt. In einer späten Geste der Versöhnung hat 2012 die Stadtverordnetenversammlung die Verfahren verurteilt, und diese Menschen rehabilitiert. Die Gedenktafel „Gerechtigkeit nach 400 Jahren" erinnert daran.

An der Rathausstraße erhebt sich seit 1869 das von Christian Holler geplante klassizistische Gebäude der **Landgraf-Lud-**

Haus Rathausstraße 17

wig-Schule. Landgraf Ludwig (1770–1839) hatte bereits 1831 die Zusammenlegung der konfessionell geprägten Schulen veranlasst – die „Allgemeine Bürgerschule“ nahm alle Kinder ohne Unterschied der Religionszugehörigkeit auf, um ihnen, im Sinne der Aufklärung, die gleichen Bildungschancen zu bieten. Das streng symmetrisch aufgebaute Schulhaus mit seinen Rundbogenfenstern ist eine Ausnahmeerscheinung im Altstadtbild. Ein markantes Barockgebäude mit

Landgraf-Ludwig-Schule

Mansarddach bildet den Abschluss der gegenüberliegenden, heterogenen Häuserzeile.

Wir biegen, am Rathausturm vorbei, links in die Rathausstraße ein: Das Haus Nr. 11, 1845 im Geist des Klassizismus entworfen, beherbergte die 1842 von Sofie Müller gegründete „Kleinkinder-Bewahranstalt“, die sich der Betreuung von Kindern aus bedürftigen Familien widmete. Wenige Schritte weiter sind zur Linken Reste der Mauer sichtbar, die einst den oberen Bereich der Altstadt umfasste.

Vor uns, am **Schulberg**, tauchen zwei bemerkenswerte Gebäude auf. Das heute als **Standesamt** genutzte, 1738 als lutherische Stadtschule eingeweihte Haus links hat eine bewegte Nutzungsgeschichte: Schule, Verwaltungsbau, Stadtbibliothek, Stadtarchiv, Volkshochschule und Schachklub … Rechts davon blickt sinnend ein Raphael-Engel, der die Last des malerischen Erkers der **Engel-Apotheke** zu tragen scheint, die Straße entlang – das Gebäude, das für das gesamte Straßenbild eine belebende Wirkung hat, entstand in seiner jetzigen Form 1901 durch die Zusammenlegung zweier Fachwerkbau-

Engel-Apotheke

Einst stand hier die Gastwirtschaft „Zur Stadt Cassel"

Altstadtturm und Brückenhäuschen

ten. Louis Jacobi entwarf dazu auch die stimmige Innenausstattung. Zwischen den beiden Häusern gelangen wir, vorbei am 1600 erbauten ehemaligen ev. Pfarrhaus (Schulberg 3), in einen malerischen Hofbereich.

Zurück zum Schulberg, zurück in die Welt der „Schau"-Fassaden: An der Ecke zur Herrngasse begegnen uns überraschenderweise romanisch anmutende Arkaden. Die 1906 umgestaltete ehemalige Gastwirtschaft „Zur Stadt Cassel", heute **Café Eiding**, betont in städtebaulich wichtiger Lage

Einladung in den Schlosspark

Schulberg 3 – ehemaliges ev. Pfarrhaus

den „Eingang" zur Stadt. Wie eine Collage aufgebaut, erzählt das Gebäude selbstbewusst seine Umbaugeschichte – am hölzernen Erker, der im ersten Obergeschoss die Straßenecke auf markante Weise betont, sind die schlichten „Haus-Ansichten vor dem Umbau" zu sehen.

Vom Schulberg laufen wir weiter über die Ritter-von-Marx-Brücke in Richtung Untertor und können so die Altstadt von oben entdecken, aus einer gänzlich anderen Perspektive – erkennen Sie sie wieder?

Die Altstadt von oben

Von absolutistischen Herrschern und kunstsinnigen Prinzessinnen: Rund ums Schloss – Landgräfliche Gartenlandschaft Teil I

Von absolutistischen Herrschern und kunstsinnigen Prinzessinnen: Rund ums Schloss – Landgräfliche Gartenlandschaft Teil I

Länge: etwa 4,5 Kilometer (inklusive Rückweg zu Fuß)
Strecke: Laufen durchs Stadtgebiet und durch Parks, moderate Steigungen, einige Treppenstufen

Das Schloss – Unerschrockene Landgrafen, kaiserliche Hoheiten

Wir nähern uns dem **Schloss** über die Herrngasse von der Altstadt her. Vor uns erhebt sich eine streng aufgebaute, symmetrische Fassade, von zwei leicht hervorspringenden Eckpavillons flankiert. Einziger Akzent ist das bewegte Sandsteinportal, dessen Gestaltung die Botschaft vermittelt, dass hier der Sitz eines erfolgreichen Kriegsherrn ist.

Das Homburger Schloss entstand 1679–1686 anstelle einer mittelalterlichen Höhenburg, die ab 1622 den Landgrafen von Hessen-Homburg als Residenz diente. Friedrich II. (1633–1708), der

Erbauer des Schlosses, vielen eher aus der Literatur als „Held von Fehrbellin“ in Kleists Drama „Prinz Friedrich von Homburg“ bekannt, hatte bereits eine erfolgreiche militärische Laufbahn hinter sich, als er wider Erwarten Landesherr wurde. Es gelang ihm, die kleine Landgrafschaft zu verwandeln. Die mittelalterliche Burg wich einer modernen Residenz, die Neustadt wurde gegründet, die Wirtschaft angekurbelt. Der erwünschte Zuzug von Glaubensflüchtlingen – Hugenotten und Waldensern – wurde durch Privilegien unterstützt, neue Siedlungen entstanden.

Schlossportal von der Herrengasse her gesehen

Die barocke Residenz, für Friedrich II. von Paul Andrich als großzügige Anlage um zwei Höfe geplant, entsprach dem Wunsch des Bauherrn: „ganz neu anlegen, nach der Régularité“. Die Spuren der

Matthäus Merian, Ansicht von Homburg 1646

Luftbild der Schlossanlage mit dem Weißen Turm

Burg verschwanden, der Bergfried allerdings, ein von Weitem sichtbares Zeichen der territorialen Hoheit, blieb als Zeuge der „Ancienität“ inmitten des oberen Schlosshofes erhalten. 1686 in den Grundzügen fertiggestellt, verkörperte die „Friedrichsburg“ die Vision eines absolutistischen Herrschers.

Wir lassen das ehemalige **Ballhaus** (1) zur Linken hinter uns und betreten den **unteren Schlosshof** (3), den früheren Wirtschaftshof des Schlosses. Die Stadt- und Schlosskirche, heute allgemein **Schlosskirche** (2) genannt, 1697 eingeweiht, die den gesamten Flügel links des Tores einnimmt, ist von außen nicht als solche wahrnehmbar. Sie entstand anstelle der Stadtpfarrkirche, die – trotz der Proteste der Bevölkerung – unter dem Vorwand der einzuhaltenden „Régularité“ 1680 abgerissen wurde. Dass sich das neue Gotteshaus unter dem Dach des Schlosses befand, war eine symbolische Geste: Der Landesherr wollte auch als oberster Kirchherr anerkannt werden.

Die zurückhaltende, elegante Innenausstattung der Kirche stammt aus dem Jahr 1758. Mit seinen verglasten Logen wirkt der Chor wie ein städtischer Platz. Unterhalb des Altars befindet sich die

Schloss und Schlosspark

Fürstengruft – die mittelalterliche Grablege, die Landgraf Friedrich II. 1695 erweitern ließ.

1908 verlor die Kirche mit der Einweihung der Erlöserkirche ihre Funktion. Kanzel, Altar, Taufstein und Kronleuchter kamen in die 1913 eingeweihte Gedächtnis-Kirche in Kirdorf, wo sie sich heute noch befinden. Nach Jahrzehnten der Vernachlässigung wurde 1989 die Schlosskirche renoviert und wieder zum Leben erweckt. Die nach Originalplänen nachgebaute Bürgy-Orgel von 1787 kann erneut erklingen – sie ist eine der wichtigsten Stimmen des Orgel-

Englischer Flügel – Pompejanischer Saal

festivals Fugato. Aktuelle Konzerttermine im Internet (www.orgel-festival-fugato.de). Bad Homburg ist eine wahre „Orgelstadt" – eine ungewöhnliche Dichte von historisch wertvollen Instrumenten trägt dazu bei. Zu den kostbaren Stilorgeln der Schlosskirche, Erlöserkirche und St. Marien gesellen sich die Orgeln in Gonzenheim, Kirdorf, Ober-Eschbach und Ober-Erlenbach. Alle zwei Jahre vereint das internationale Orgelfestival „Fugato" die Weltelite der Organisten in der Taunusstadt.

Zu unserer Rechten, an der Nordwest-Seite des Schlosses, befindet sich der **Englische Flügel**, auch Elisabethenflügel genannt. Elizabeth, die „englische Landgräfin", ließ ihn ab 1829 von Georg Moller zum Witwensitz umbauen.

Friedrich Joseph von Hessen-Homburg (1769 – 1829), der spätere Landgraf Friedrich VI. Joseph, heiratete 1818 in London Elizabeth, Prinzessin von Großbritannien und Irland (1770 – 1840), Tochter von George III. Die Heirat des 49-Jährigen mit der ein Jahr jüngeren

Prinzessin bewegte dies- und jenseits des Ärmelkanals die Gemüter. Für die Homburger war es ein seltener Glücksfall – Elizabeth brachte nicht nur eine beachtliche Mitgift, sondern auch Bildung, Kunstsinn, Feingefühl und den Wunsch mit, etwas für die Landgrafschaft zu tun.

Die Witwenwohnung der Landgräfin Elizabeth kann besichtigt werden. Sie bietet einen Einblick in die Welt der unermüdlich künstlerisch tätigen „Eliza" und vermittelt ein Gefühl für das Leben am Hofe in der ersten Hälfte des 19. Jahrhunderts. Der repräsentative **Pompejanische Saal** mit seinen original erhaltenen Wandmalereien bildet einen höfischen Gegenpol zu den sonst sehr intim gehaltenen Räumen, in denen außergewöhnliche englische Möbel und Biedermeier-Stücke ein harmonisches Ganzes bilden. Bedeutende Exponate aus Elizabeths Sammlungen und nicht zuletzt Werke aus ihrer Hand fügen sich zu einem Porträt der Landgräfin, die Homburg als ihr „beloved and happy home" betrachtete.

Durch einen weiteren Torbogen gelangen wir in den **Oberen Schlosshof** (4). Wir sind einer Art „via triumphalis" gefolgt; am Ende der Blickachse erwartet uns die Porträtbüste des Schlosserbauers. Im Oberen Schlosshof treffen sich die Achsen, die die ordnende Rolle der Schlossanlage betonen.

Der **Weiße Turm**, Bad Homburgs Wahrzeichen, imponiert mit seinen 48 m Höhe. Der einstige Bergfried kann bestiegen werden (174 Stufen!) und belohnt die Mühe mit einem unvergesslichen Weitblick.

Reparaturarbeiten am Dach des Weißen Turms waren eine halsbrecherische Angelegenheit. Der Dachdeckermeister Johannes Sadtler IV. (1816–1886) wurde von staunenden Franzosen, die das Schloss besichtigten, bei einer seiner mutigen Aktionen beobachtet. „Bon courage!", riefen sie ihm zu. Seitdem wurde der unerschrockene, gewandte Spross einer Handwerker-Dynastie nur noch „Bonkrasch" genannt – die hessische Version von „Bon courage".

Oberer Schlosshof – Blick zum Taunus

Der Obere Schlosshof ist offen zum Taunus hin – dass 1686 das Geld für die bauliche Vollendung nicht reichte, kann fast als Glücksfall bezeichnet werden. So erlebt man einen zwar nicht geplanten, aber umso schöneren Dialog zwischen Architektur und Natur.

Ein Reiterbildnis Friedrich II. prangt aus der Fassade des Hirschgangflügels heraus – ein beeindruckend inszenierter Auftritt. Der Landgraf, in voller Montur, ist von symbolischen Darstellungen seiner Überlegenheit als Kriegsherr umgeben. Das triumphbogenartige Prunkportal wurde von Zacharias Juncker d. J. geschaffen.

Friedrich II. hatte bei der Belagerung von Kopenhagen sein rechtes Bein verloren. Dass er danach weiterhin erfolgreich hoch zu Ross Schlachten mitbestimmen konnte, ist Paul Andrich zu verdanken. Der Architekt, ein Mann mit zahlreichen Begabungen, stand seinem Auftraggeber von der Anlage des Straßenrasters der Neustadt über die Gestaltung des Barockgartens bis hin zu der Entwicklung neuer Techniken zur Salzgewinnung beratend zur Seite. Mit der von ihm geschaffenen Beinprothese, die Gehen und Reiten glei-

Prunkportal im Oberen Schlosshof

chermaßen ermöglichte, war der Mythos des Landgrafen mit dem „silbernen Bein" geboren.

Im Westflügel befand sich die 1685 geweihte reformierte Schlosskirche. Man kann das heute noch am Engelskopf oberhalb des Eingangsportals erkennen. 1830 wurde der Raum von Georg Moller umgebaut; eine Decke wurde eingezogen, und das Obergeschoss zur Bibliothek umgestaltet. Die Bibliothek, in der sich noch einige Bände aus dem einst beeindruckenden Bestand befinden, grenzt an den Ahnensaal.

Am Bibliotheksflügel wurde 1901 die **Romanische Halle** angebaut. Louis Jacobi errichtete – unter Verwendung von Spolien aus dem 12. Jahrhundert – eine offene Halle, die den Schlosshof um eine besondere, fast südländlich anmutende Note reicher macht.

Vor uns, in Richtung Schlossgarten, erhebt sich der **Königsflügel** (5), 1835–40 von Georg Moller aufgestockt und im Inneren größtenteils neu gestaltet. Weitere Umbaumaßnahmen erfolgten Anfang des 20. Jahrhunderts unter Kaiser Wilhelm II. durch Louis Jacobi.

Mit dem Tode des Landgrafen Ferdinand erlosch 1866 die Hessen-Homburgische Linie; die Landgrafschaft fiel an Hessen-Darmstadt, die sie kurz darauf an Preußen verlor. Das Homburger Schloss wurde zur königlichen, später kaiserlichen Sommerresidenz. Die Umbauten wurden fortgesetzt, vor allem unter Wilhelm II. (1859 - 1941), der eine besondere Vorliebe für die Taunusstadt hatte. Die Appartements des letzten Kaiserpaares ermöglichen - als einziges in Deutschland erhaltenes Beispiel - einen interessanten Einblick in eine Wohnwelt, die nicht nur aufs Repräsentieren angelegt war. Der legendäre Sattelsitz im Arbeitszimmer des Kaisers ist ebenso zu sehen wie der „Telefonschrank" der Kaiserin, oder der Danziger Schrank, der ihre Badewanne kaschiert.

Wilhelm I. hatte 1883 damit angefangen, sein Enkel führte die Tradition der Kaisermanöver in Homburg fort. Die Liste der illustren Gäste ist lang und liest sich wie ein „Who's Who" der gekrönten Häupter Europas. König Alfons XII. von Spanien, König Ludwig I. von Portugal, König Milan I. von Serbien und König Albert von Sachsen ließen sich im September 1883 vor dem Schlossportal neben der Kaiserfamilie fotografieren, zahlreiche andere Fürsten waren in den nächsten Jahrzehnten in Homburg zu Gast.

Im Vestibül dürfen wir „in Augenhöhe" mit Friedrich II. stehen – die Schlüter-Büste (um 1704) ist hier als Kopie ausgestellt, das Original befindet sich im Ahnensaal. Das Café wird innerhalb der Schlossanlage umziehen, das Vestibül wird zum modernen „Empfangsraum" des Schlosses umgestaltet.

SCHLOSS UND SCHLOSSPARK
61348 Bad Homburg v. d. Höhe · Tel.: 06172/9262148
www.schloesser-hessen.de
Öffnungszeiten: März - Okt. Di. - So. 10 - 17 Uhr,
Nov. - Feb. Di. - So. 10 - 16 Uhr
Führungen: Der Königsflügel mit den Kaiserappartements ist wegen Sanierungsarbeiten zurzeit geschlossen. Rundum erneuert wird er sei-

Kaisermanöver 1883 – Kaiser Wilhelm I. umgeben von seinen Gästen, darunter die Könige von Serbien, Spanien und Sachsen, der Kronprinz des Deutschen Reiches und der Prince of Wales.

ne Tore ab voraussichtlich Herbst 2021 erneut fürs Publikum öffnen – mit denkmalgerecht instandgesetzter Inneneinrichtung, einem frischen Fassandenanstrich und einem neuen musealen Konzept. Der Schlosspark ist ganzjährig bis zum Einbruch der Dunkelheit geöffnet. Themenbezogene Führungen, Kindergeburtstage, besondere Konzepte für Kinder und Erwachsene sowie Kreativ-Kurse im Atelier gehören zum breit gefächerten Programm der Museumspädagogik.

Schlosspark – Geometrie und Romantik pur

Über die **Rosenterrasse** (6) gelangen wir in den Obergarten. Die zwei überwältigenden Zedern (7) kamen aus den Royal Botanic Gardens in Kew und wurden 1822 gepflanzt. Ein unbeschreibliches Gefühl für die Wunderwerke der Natur entsteht, wenn man durch die weit ausladenden Äste gen Himmel blickt.

Der **Obergarten** (8) ist heute noch in seiner axialen, barocken Struktur erlebbar. Die Mittelachse in Richtung Dorotheenstraße ist heute wieder – wie einst – von zwei Ulmen-Alleen flankiert. 2017

Rosenterrasse von dem Königsflügel

wurden die Bäume, die jetzt schon das Gesicht des Obergartens verändern und schattige Laubengänge bilden werden, in Abständen, die den historischen Vorgaben entsprechen, gepflanzt. Deren Kronen werden später in Form geschnitten – ein Lob der im Barock so wichtigen, allgegenwärtigen Geometrie! Die Alleen werden, als Verlängerung der Architektursprache im Grünen, den Dialog zwischen Schloss- und Stadtstruktur um einen entscheidenden Aspekt bereichern.

Die Querachse des Obergartens führt über den Staudengarten (9) zum eleganten, wohlproportionierten Gebäude. Seitlich davon steht das **Hofgärtnerhaus** (11). Wir folgen dem Weg entlang der Schlossmauer, lassen den geometrisch gestalteten Teil des Parks hinter uns und erreichen das **Boskett** (12). Mit diesem Schritt gelangen wir in eine neue Epoche der Gartengestaltung: Wir erleben einen von der Natur inspirierten Landschaftsgarten, der zugleich unser Ausgangspunkt zur Erkundung der **Landgräflichen Gartenlandschaft** ist.

Um 1770 ließ Landgräfin Caroline (1746–1821), Gattin des Landgrafen Friedrich V. Ludwig (1748–1820), den Weinberg auflösen, um an dessen Stelle einen Park im neuen landschaftlichen

Die Ulmenallee im Obergarten

Orangerie

Geschwungene Wege im Boskett

Stil anlegen zu lassen. Der ehemalige Steinbruch erfuhr eine Umwandlung zum vertieften Gartenplatz. 1772 war Goethe in Homburg zu Gast – der Steinbruch wird in Erinnerung daran auch Goethes Ruh' (13) genannt. Der junge Advokat begegnete hier „Lila" – Louise von Ziegler, fille d'honneur der Landgräfin Caroline. Ihr widmete er das Gedicht „Pilgers Morgenlied". So hat auch Homburg Einzug in Goethes Werk gehalten!

Romantischer Durchblick zum Großen Teich

Wir führen unseren Spaziergang in Richtung des **Großen Teichs** (14) fort, überqueren den Altbach mit seinem munteren Geplätscher und lassen uns weiter in Richtung der **Phantasie** (15) führen. Kein Name

Der Weiße Turm – eine überragende Präsenz

könnte besser diesen Parkbereich beschreiben, der ebenfalls unter Landgräfin Caroline entstand – jede Windung des Weges lässt ein neues Landschaftsbild erscheinen. Die Wege erwecken die Lust, Neues zu entdecken, die Bänke laden zum Verweilen ein. Das Schloss mit seinem Weißen Turm spiegelt sich im Teich und kann aus vielen Perspektiven erlebt werden.

Herrschaftlicher Obstgarten, Installation „Wish Trees for Bad Homburg" Yoko Ono, Blickachsen 12

Unweit der Phantasie spricht der **Esskastanienhain** (16) von den Vorlieben der „englischen Landgräfin“, die ihrerseits den Park um eine persönliche Note bereicherte.

2020 wurde der bis dahin offene Pavillon in der Phantasie

Blick zum Schloss vom Ufer des Großen Teichs

instandgesetzt – er entspricht jetzt den ältesten überlieferten Darstellungen. Als **Tempel der Pomona**, wie ihn Landgraf Friedrich V. nannte, wurde er im Sommer 2021 eingeweiht. Dem Namen nach der Göttin der Baumfrüchte geweiht, beherbergt das einstige Teehäuschen die Dauerausstellung „Obstkultur". Sie ermöglicht einen Einblick in die Welt der Vielfalt historischer Apfel- und Birnensorten und stimmt ein auf die nächste Partie des Parks: den **Herrschaftlichen Obstgarten** (17).

Blick vom Inselgarten in Richtung Altstadt/Sean Scully „Dale Stone Stack" Blickachsen 12

Für seine Neubepflanzung nach historischen Inventarlisten wurden vor wenigen Jahren selten gewordene Obstgehölze für das Apfel- und Mirabellenquartier angekauft. 2019, anlässlich der Blickachsen-Biennale, zeigten sich die Bäume in der vollen Pracht ihrer papierenen Wunsch-Blüten, die im Winde wehten und von Tag zu Tag mehr wurden. Yoko Onos Beitrag zur Ausstellung war die extra für diesen Ort konzipierte Installation „Wish Trees for Bad Homburg"

Von hier aus haben wir die Möglichkeit, durch den **Inselgarten** (18) wieder in Richtung Schloss, vorbei an der **Landgrafensäule** (19), zum Ausgangspunkt unseres Rundgangs zurückzukehren, oder durch das kleine Tor (20) in die Altstadt zu gelangen. Die Wegeführung lässt uns die malerische Altstadt aus neuen Winkeln entdecken.

Unser Weg durchquert die **Sichtachse** (21), die vom Englischen Flügel ausgehend über die Tannenwaldallee führt. Elizabeth ließ 1829 einen Balkon am Pompejanischen Saal anbringen, der die Achse aufnimmt. Von dort aus konnte sie den Blick zum Gotischen Haus und weiter, bis in den Taunus schweifen lassen.

Drei Gärten – drei Welten

Um die Landgräfliche Gartenlandschaft zu erkunden, empfiehlt sich eine Weiterführung des Rundgangs in Richtung **Tannenwaldallee**. Wir verlassen den Schlosspark durch das **Weiße Tor** (22) und überqueren den Hindenburgring. Die ursprünglich von Säulenpappeln umsäumte Allee verband das Schloss mit dem Großen Tannenwald – ein von der Landgrafenfamilie gerne angesteuertes Ziel. Schnurgerade führt sie heute noch Richtung Taunus. Von Friedrich V. Ludwig und Caroline angelegt, wurde die Allee unter Friedrich VI. Joseph und Elizabeth bis zum Limes verlängert – die Elisabethenschneise entstand. An

Landgrafendenkmal

dieser Achse reihen sich die Garten- und Parkanlagen, die zu der einzigartigen **Landgräflichen Gartenlandschaft** gehören. Sie sind Teil der Via Brentano – Route der Romantik.

Nach wenigen Schritten entlang der Tannenwaldallee haben wir die **Carolinenbrücke** erreicht. Zu unserer Rechten befand sich einst der Englische Garten. Elizabeth, die gleichermaßen mit Gartenkunst und Botanik vertraut war, konnte hier ab 1820 ihr Können frei entfalten. Geschwungene Wege, Laubengänge, Kabinette aus Büschen und Bäumen machten den Charme des Gartens aus. Die üppigen Blumenbeete waren berühmt, dem „gebildeten Publikum“ war – so eine Badeschrift des Jahres 1837 – der Besuch erlaubt.

Wenn wir den Fußgängerweg zwischen den Häusern Tannenwaldallee 25 und 27 einschlagen, gelangen wir ins Herz des einstigen Gartens. Nach dem Tode des letzten Landgrafen erwarb Marie Blanc, Gattin des Spielbankgründers François Blanc, den Garten und ließ Louis Jacobi 1869/70 das **Landgrafendenkmal** entwerfen. Der kronenlose Baum mit seinen sechs Aststümpfen symbolisiert das traurige Schicksal der Landgrafenfamilie: Die sechs Söhne des Landgrafen Friedrich V. Ludwig starben alle ohne männliche Erben.

Landgräfin Louise Friederike

Landgraf Gustav

F. v. Sieben: Der Gustavsgarten mit Tempel und landgräflicher Familie, 6.4.1843

Wir folgen dem schattigen Fußweg, der uns durch diese Oase der Ruhe zurück in die Tannenwaldallee führt, unweit der Hausnummer 49. Vom Jugendstil Darmstädter Prägung beeinflusst, bietet die Villa, vor allem im Sommer, wenn die Rosen blühen, einen malerischen Anblick. Auf der gegenüberliegenden Straßenseite öffnet sich das Tor zum **Gustavsgarten**.

An dem Pförtnerhäuschen vorbei gelangen wir in den einzigen **Prinzengarten**, der im Sinne eines klassischen Englischen Gartens bis heute als Parkanlage erhalten blieb. Gustav (1781–1848) und Louise Friederike (1798–1858), eine geborene Prinzessin von Anhalt-Dessau, schufen hier einen romantischen Rückzugsort mit gekonnt komponierten Landschaftsbildern. 1830 ließen sie in ihrem „Accatium" einen Musik- und Teesalon errichten – der Dorische Tempel steht heute noch und birgt überraschende Funde. Rasenflächen, Baum- und Buschgruppen und exotische Gewächse sind heute wieder erlebbar – nach über 140 Jahren ist der Garten erneut öffentlich zugänglich und ein Fest für Auge und Ohr: Grün in allen Schattierungen, durchzogen von Vogelgesang. Die elegante, 1899/1900 erbaute Villa des Frankfurter Bankiers Wertheimber, Domizil des Stadtarchivs, hat eine bewegte Geschichte – eine Tafel am Eingang zum Park gibt darüber Auskunft.

GUSTAVSGARTEN · Sommersaison (01.04 - 31.10) 9.30 - 22 Uhr, Wintersaison (01.11 - 31.03) 9.30 - 17 Uhr

Das **Stadtarchiv** stellt sich als „Gedächtnis der Stadt" vor; es steht allen, die sich für die Geschichte und Gegenwart Bad Homburgs interessieren, offen. Zahlreiche Bestände des Archivs – Fotos, Postkarten, Pläne – wurden bereits digitalisiert und online gestellt. Urkunden, Akten und Amtsbücher, Landkarten und Baupläne ermöglichen, neben einer gut sortierten Bibliothek, die intensive Auseinandersetzung mit der Entwicklung der Stadt. In einem modernen Lesesaal stehen 20 Arbeitsplätze für die Einsichtnahme in Dokumente und

Gustavsgarten

Gustavsgarten: Villa Wertheimber, nach 1900

Literatur zur Verfügung. Nicht nur Sammeln und Bewahren, auch Vermitteln wird hier großgeschrieben. Vorträge, Führungen und die stets gut besuchten Wanderungen sprechen ein breites Publikum an. Das Hölderlin-Kabinett wird über das Leben und Wirken des Dichters in Homburg informieren.
Zum Hölderlin-Jubiläumsjahr 2020 hat die Stadt Bad Homburg in der Villa Wertheimber eine neue Hölderlin-Wohnung eingerichtet und ihren ersten Stadtschreiber ernannt. Es ist der Schriftsteller Peter Henning.

STADTARCHIV · Villa Wertheimber
Tannenwaldallee 50 · 61348 Bad Homburg v. d. Höhe
Tel.: 06172-1004140 · www.bad-homburg.de/kultur/archiv-geschichte/stadtarchiv/Stadtarchiv-allgemein.php
Öffnungszeiten: Di. 9 – 16 Uhr; Mi. 14 – 19 Uhr; Fr. 9 – 12 Uhr.

Wir verlassen den Gustavsgarten, biegen links in die Kreuzallee ein und sehen von weitem einen weißen Kolonnadentempel – das Herzstück des **Kleinen Tannenwalds.** Friedrich V. Ludwig und Caroli-

Theodor Albrert: Meierei im Tannenwald, 1850er Jahre (im Vordergrund die Schweizerei)

ne verwandelten den durch die ersten Landgrafen mit Nadelbäumen bepflanzten Park in einen anglo-chinoisen Garten. Teich, Insel, Brücke, schlängelnde Wege, chinesisches Teehäuschen – das waren einige der „Zutaten", die dem Garten zu seinem unvergleichlichen Zauber verhalfen. Ab 1822 ließ Landgräfin Elizabeth hier eine kleine Musterwirtschaft errichten. Eine Meierei und eine Schweizerei gehörten dazu, das Eis aus dem Eiskeller hielt im Sommer die Produkte frisch, und auch an Kleinigkeiten bis hin zum Butterstempel wurde gedacht. Eine liebevoll eingerichtete Wohnung in ihrem „Cottage" wurde zum geliebten Rückzugsort für Elizabeth.

Der öffentlich zugängliche Park war für viele „unstreitig die schönste Parthie um ganz Homburg", wie C. Strahlheim 1838 schrieb. Davon können wir uns heute überzeugen – ob wir durch den Hainbuchen-Laubengang spazieren, über die Brücke zur Inselkolonnade gelangen oder den geschwungenen Wegen der Waldpartie folgen, überall und für jede Gemütslage ist etwas zu entdecken. Die Bezeichnung „Kleinod der Gartenlandschaft" ist mehr als gerechtfertigt.

Die **Schweizerei** wurde nach Plänen aus den Jahren 1891/92 wieder aufgebaut und beherbergt heute das Informationszentrum Landgräfliche Gartenlandschaft (Infos dazu im Serviceteil); der **Eiskeller**, ein seltenes und interessantes historisches Bauwerk, konnte originalgetreu wiederhergestellt werden, nur die Meierei befindet sich noch im Dornröschenschlaf.

Kleiner Tannenwald: Rosentempel

Zurück zum Schloss geht es entweder zu Fuß – den Mariannenweg entlang bis zum Hindenburgring – oder mit dem Bus. Wer jetzt der Tannenwaldallee bis zum Gotischen Haus folgt (weitere 1,2 km), kann von dort aus den zweiten Teil der Landgräflichen Gartenlandschaft erkunden.

Kleiner Tannenwald: Insel, Brücke und Kolonnade

KULTUR
Sinclair
Hölderlin
Dorothe
BAD HO

Kultur auf Schritt und Tritt: Kulturmeile Dorotheenstraße

Kultur auf Schritt und Tritt: Kulturmeile Dorotheenstraße

Länge: etwa 1 Kilometer (inklusive Abstecher etwa 1,7 Kilometer)
Strecke: Laufen durchs Stadtgebiet, moderate Steigungen, eine Treppe

Fangen wir mit der Namensgeberin der Straße an, eine fromme, kultivierte und engagierte Frau. Sie dichtete, musizierte, verfasste Kirchenlieder und hatte eine besondere Begabung für Sprachen. Sie beherrschte – neben Latein – Französisch und Italienisch so gut, dass sie französische Texte ins Italienische übertragen konnte. 1700 heiratete Elisabeth Dorothea von Hessen-Darmstadt (1676–1721) den späteren Landgrafen Friedrich III. Jakob und übernahm weitgehend selbst die Erziehung der gemeinsamen acht Kinder. Ihr Engagement galt auch dem Gemeinwesen – nicht zuletzt ihrem Wirken ist das Entstehen des Homburger Waisenhauses zu verdanken.

Die Straße selbst, die über eine bemerkenswerte Dichte an Kulturinstitutionen verfügt, macht ihr alle Ehre. Am Pfingstmontag

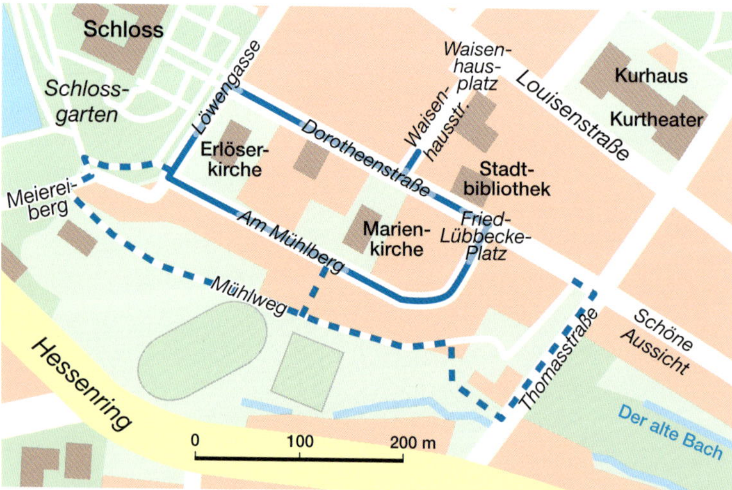

Barocke Eleganz: das Sinclair-Haus, Sitz des gleichnamigen Museums

2013 wurde sie in den kulturellen „Adelsstand“ erhoben – als Bad Homburgs „**Kulturmeile**“: Kultur zum Anfassen, zum Anschauen, zum Begehen – auf Schritt und Tritt.

Wir fangen unseren Rundgang am Schlosstor an. Friedrich III. Jacob (1673–1746) führte ab 1708 die Bebauung der „Neustadt“ fort. Die Dorotheenstraße, nach seiner Gattin benannt, als Parallele zur Louisenstraße angelegt, sollte einen repräsentativen Charakter erhalten und symbolisch die Beziehung Schloss – Neustadt darstellen. Ein einheitliches Erscheinungsbild war das Ziel. Um sicher zu sein, dass seine Intentionen umgesetzt wurden, und gleichzeitig die Möglichkeit zu haben, ihm genehme Bewohner in der Nähe des Schlosses unterzubringen, begann der Landgraf, Häuser auf seine Kosten errichten zu lassen, die er alsbald verkaufte. Die vornehmen Hauseigentümer – vom Regierungsrat bis zum „Leibmedicus“ – standen dem Landgrafenhaus nahe.

Ein Blick zur Linken lässt noch erahnen, wie das Straßenbild in den 30er Jahren des 18. Jahrhunderts aussah. Das Anfang der 1980er

Zweimal Hölderlin: gesehen von Hans Traxler (Symbol des Hölderlinpfades) und Franz Carl Hiemer

Jahre behutsam restaurierte, barocke **Sinclair-Haus**, benannt nach Hölderlins Freund Isaac von Sinclair, ist Anfangspunkt des **Hölderlinpfades**. Der 22 km lange Weg zeichnet symbolisch die Spuren des Dichters nach, der – nach dem Eklat im Hause Gontard 1798 – von Homburg aus Susette in Frankfurt heimlich aufsuchte.

Friedrich Hölderlin (1770–1843) lebte von 1798 bis 1800 und 1804 bis 1806 in Homburg, wo er unter anderem den „Hyperion" vollendete und Gedichte wie „Diotima" oder „Patmos" verfasste. Hier fand er, mit Sinclairs Hilfe, Zuflucht 1798, hierher holte ihn sein Freund 1804 als „Hofbibliothekar" zurück – eine pro forma Stelle, die Sinclair indirekt finanzierte. Der seit 1983 von der Stadt Bad Homburg zum Gedenken an den Dichter alljährlich verliehene Friedrich-Hölderlin-Preis (Stiftung Cläre Jannsen) ist einer der wichtigsten deutschen Literaturpreise. Zu den Preisträgern gehören u. a. Hilde Domin, Ernst Jandl, Durs Grünbein, Arno Geiger und Ralf Rothmann, Peter Stamm, Eva Menasse, Daniel Kehlmann, Anke Stelling und Navid Kermani.

Das Haus beherbergt heute das **Museum Sinclair-Haus**, ein Ausstellungshaus für zeitgenössische internationale Kunst; Trägerin des Museums ist die Stiftung „Kunst und Natur" („Kunst und Natur" ist seit 2021 der neue Name der Stiftung „Nantesbuch"). Im Mittelpunkt der stets als Publikumsmagnet wirkenden Einzel- oder Themenausstellungen stehen die vielschichtigen Verhältnisse des Menschen zur Natur. Interdisziplinär aufgebaut, erkunden Ausstellungen und Veranstaltungen Möglichkeiten, Natur im Spiegel der Künste wahrzunehmen, zu begreifen und zu reflektieren.

MUSEUM SINCLAIR-HAUS · Ausstellungshaus für Kunst und Natur
Löwengasse 15 · Eingang Dorotheenstraße
61348 Bad Homburg v. d. Höhe · Tel.: 06172/5950-500
www.museumsinclairhaus.de

Von hier aus überrascht der Blick zur Rechten: Die dem Barock so wichtige Symmetrie ist nicht vorhanden. Das Pendant zum Sinclair-

Erlöserkirche, vom Schlossgarten her gesehen

Erlöserkirche, Hauptportal

Haus musste 1903 der evangelischen **Erlöserkirche** weichen. Deren Bau, von den Homburgern seit dem Abriss der Stadtkirche 1680 ersehnt, konnte erst Anfang des 20. Jahrhunderts in Angriff genommen werden. Dass es endlich dazu kam, dafür war Wilhelms II. Interesse an Homburg als Sommerresidenz ausschlaggebend, aber auch der „Zugzwang“ durch den bereits 1895 fertiggestellten repräsentativen Kirchenbau der katholischen Gemeinde.

Erlöserkirche in festlichem Glanz

Der Monarch beauftragte den Berliner Architekten Max Spitta mit dem Entwurf; nach dessen Tod übernahm Franz Schwechten das Projekt. Das majestätische Gotteshaus, das frei das Repertoire des romanischen Kirchenbaus zitiert, überrascht beim Betreten mit dem Eintauchen in eine andere Welt: Die großzügige, allumfassende Kuppel und die Mosaiken, die den Innenraum mit ihrem festlichen Goldglanz umhüllen, sind an Vorbildern des byzantinischen Kulturkreises orientiert. Jugendstilelemente, die im inneren (Fenster: Alexander Linnemann) wie im äußeren Erscheinungsbild (Bauplastik: Gotthold Riegelmann) präsent sind, wirken verbindend. Zwei Orgeln, die **Sauerorgel**, 1908 für die Kirche als Erstausstattung gebaut, und die **Neue Bach-Orgel** von 1990 tragen zum Renommee Bad Homburgs als Orgelstadt bei.

ERLÖSERKIRCHE · Dorotheenstr. 1 · 61348 Bad Homburg v. d. Höhe
Tel.: 06172/21089 · www.erloeserkirche-badhomburg.de
Öffnungszeiten: täglich außer montags, im Winter 12 – 16 Uhr, im Sommer 10 – 17 Uhr

Wenige Schritte weiter stehen wir vor einem ehemaligen Gotteshaus, das man beim ersten Blick kaum als solches wahrnimmt – es ist übergangslos in die Häuserflucht integriert. 1724 geweiht, sollte die französisch-reformierte **Jacobus-Kirche** den eingewanderten Hugenotten dienen. Das Schicksal dieses Baus ist der Wandel: Ab 1816 bis 1895 von der katholischen Gemeinde genutzt, wurde es, nach einem 1905 erfolgten Umbau, zum beliebten Mittelpunkt der sportlichen Aktivitäten des Homburger Turnvereins. 2012 vom Verein veräußert, wurde die Halle vom Galeristen Christian Scheffel, Gründer und Kurator der „Blickachsen" erworben, und denkmalgerecht in einen Ausstellungsraum mit musealem Charakter verwandelt – die Jakobshallen entstanden.

Die Skulpturenbiennale „Blickachsen" zieht mit hochkarätigen Ausstellungen im öffentlichen Raum seit 1997 Kunstfreunde von überall her an. Fern von musealen Berührungsängsten, von Schran-

ken und Eintrittsgebühren, sind die „Blickachsen“ eine Bereicherung für die Region – Kunst zum Anfassen und Stoff zum Nachdenken. Frei zugänglich. Einen ganzen Sommer lang.
www.galerie-scheffel.de; www.blickachsen.de

Der weiße Turm als „point de vue“ – Blick zum Schloss

Im Nebenhaus lebte von 1862 bis zu seinem Tode der Homburger Naturwissenschaftler Dr. Friedrich Rolle (1827–1887). Der Sammler und Gelehrte, dessen Forschung sich auf Geologie, Paläontologie und Botanik fokussierte, hatte großen Anteil an der Entwicklung des hiesigen Kurwesens.

Auf der gegenüberliegenden Straßenseite, im Haus Nr. 6, wohnte Isaac von Sinclair (1775–1815), der als Staats-

Der berühmteste Träger des Homburgs: Edward Prince of Wales (Bildmitte)

mann 1815 beim Wiener Kongress die Landgrafschaft Hessen-Homburg vertrat und dort tragischerweise mit 39 Jahren verstarb.

Im Haus Dorotheenstraße 8 begann 1806 die Erfolgsgeschichte der Hutmacherfamilie Möckel. Aus ursprünglich sechs Beschäftigten der „Hutmacher-Manufaktur" wurden, durch Geschick und Gespür für neue Techniken, sechzig im Jahre 1870. 1882 kam es zu einer historischen Beauftragung: Edward Prince of Wales, der spätere König Edward VII., ließ einen Hut nach seinen Angaben anfertigen. Ein großer Erfolg! Der leichte **Homburg** eroberte die Männerwelt und machte den Namen der Stadt weit über die Landesgrenzen bekannt.

Weiter geht es Schritt für Schritt durch die Homburger Geschichte: Drei Häuser weiter wohnten zwei Generationen der Architektenfamilie Jacobi: Louis Jacobi (1836–1910) und sein Sohn Heinrich (1866–1946), beide leidenschaftliche Altertumsforscher, hielten nacheinander den Posten des Direktors der Saalburg inne.

1880 ließ Louis Jacobi das Familienhaus umbauen; die Fertigstellung der so ungewöhnlichen Kieselsteinfassade wurde mit allgemeiner Spannung erwartet. Einer der Sprüche, die sie zieren, mag

Jacobi-Haus, Dorotheenstraße 12

eine vorweggenommene Antwort auf die Reaktionen sein: *„Der eine macht's / der andre betracht's / der dritte verlacht's / was macht's "* …

Louis Jacobi: Der Homburger Baumeister, eine herausragende, engagierte Persönlichkeit, hat wie kein anderer das Gesicht seiner Stadt geprägt. Das Kaiser-Wilhelms-Bad, die Marktlauben und die Wandelhalle tragen unter anderem seine Signatur. Weit über die Grenzen Homburgs hinaus wurde er als Wiedererbauer der Saalburg bekannt.

Das erste große, stadtbildprägende Gotteshaus, das im evangelischen Homburg nach Abriss der alten Stadtkirche entstand, war … eine katholische Kirche! Am 14. August 1895 konnte **St. Marien**, nach dem feierlichen Auszug der Gemeinde aus der Jacobus-Kirche, mit einem Festgottesdienst eingeweiht werden.

St. Marien, Fensterrose

Der Mainzer Dombaumeister Ludwig Becker (1855–1940) erreichte mit der Platzierung der neugotischen Kirche eine visuell markante Verbindung zur Louisenstraße, indem er den Kirchturm seitlich zum Kirchenschiff – in der Sichtachse der Waisenhausstraße – positionierte. Der Chorpartie galt ebenfalls seine besondere Aufmerksamkeit. Hoch oberhalb des Mühlengrunds war sie, wie er schrieb, *„derart gelegen, daß man aus stundenweitem Umkreise südlich der Stadt die Kirche erblickt"*.

Der einschiffige Innenraum, flankiert von schmalen Seitenkapellen, strahlt Ruhe aus und

St. Marien, Madonna mit Kind

bildet mit seiner zurückhaltenden Farbgebung den idealen Hintergrund für die bewegten, farbenfrohen neugotischen Altäre. Hochaltar und Antoniusaltar stammen aus der Werkstatt der Gebrüder Busch aus Steinheim. Beeindruckend ist das Triumphkreuz mit einem Corpus aus der Zeit um 1500. Die **Klais-Orgel** von 1975 bereichert die Bad Homburger Orgellandschaft.

St. Marien, Josefsaltar (Detail)

PFARRKIRCHE ST. MARIEN
Dorotheenstr. 17
61348 Bad Homburg
Zentrales Pfarrbüro
Tel.: 06172/17704-0
www.katholisch-badhomburg-friedrichsdorf.de

Stadtbibliothek

Das klassizistische Gebäude auf der linken Straßenseite, ab 1819 als Amtshaus erbaut, beherbergt seit 1975 die **Stadtbibliothek**. Das in Buntsandstein gearbeitete Portal übernimmt mit seinem Dreiecksgiebel die damals beliebte Formensprache der Antike, der man Symbolwirkung beimaß. Anfang des 21. Jahrhunderts wurde die Erweiterung des historischen Gebäudes beschlossen. Auf der großzügigen Präsentationsfläche können sich die „Themenwelten" entfalten – ein Konzept, das mit hohen Besucherzahlen belohnt wird und 2007 mit dem Hessischen Bibliothekspreis ausgezeichnet wurde. Eine kurze Pause gefällig? Das Café **Hölderlix** lädt zu mehr als nur einer Tasse Kaffee ein: Zeitunglesen und Zeitschriftenblättern sind „inbegriffen", die selbstgemachte Holunderblütenlimonade ist berühmt.

STADTBIBLIOTHEK BAD HOMBURG
Dorotheenstraße 24 · 61348 Bad Homburg v. d. Höhe
Tel.: 06172/92136-0 · www.bad-homburg.de/wwwopac
Öffnungszeiten: Di. – Fr. 11 – 18 Uhr, Sa. 11 – 14 Uhr

Das Haus mit der Nummer 34, wenige Schritte vom Fried-Lübbecke-Platz entfernt, ist als **Hölderlin-Haus** bekannt. Es entstand erst 1986, anstelle des drei Jahre zuvor abgerissenen Hauses, in dem Hölderlin 1803 – 1804 gewohnt hatte; vom ursprünglichen Gebäu-

Fried Lübbecke in seinem Arbeitszimmer

de konnte nur die Eingangstür gerettet werden. In den letzten Jahrzehnten haben hier zahlreiche Hölderlin-Forscher genächtigt und geschrieben, jetzt steht ihnen die Hölderlin-Wohnung in der Villa Werthcimber zur Verfügung.

Wieder am **Fried-Lübbecke-Platz** mit seiner wohltuenden Atmosphäre, biegen wir rechts in die Straße Am Mühlberg ein. Ein Türmchen ist das Kennzeichen eines Gebäudes, dessen Bewohner eng mit dem Bad Homburg der Nachkriegszeit verbunden waren

Blick Richtung Mühlweg

Am Mühlweg 39

– die Pianistin Emma Lübbecke-Job (1888–1982) und der Kunsthistoriker Fried Lübbecke (1883–1965). Sie fanden in Bad Homburg Zuflucht nach der Bombennacht, in der im März 1944 ihr Haus in Frankfurt in Schutt und Asche gelegt wurde – und eine neue Heimat. Beide trugen zum Aufbau des kulturellen Lebens der Stadt bei. Er veröffentlichte 1956 „Kleines Vaterland Homburg vor der Höhe" – eine Hommage an Bad Homburg.

Nach dem spätklassizistischen Haus Nr. 11a beginnt die ehemalige „Siebenhäusergasse". Wir laufen in Richtung **Schloss**, begleitet von schönen Durchblicken ins Tal auf der linken und nach oben auf der rechten Seite. Von der Chorseite her betrachtet, entfaltet die St. Marien-Kirche ihre ganze lebendige, malerische Wirkung.

Zum Wasserweibchen

Die Hälfte der barocken oder spätbarocken Häuser, an denen wir vorbeilaufen, steht unter Denkmalschutz, so auch das Eckhaus mit der Nummer 57 und dem verlockenden **Wasserweibchen** an der Fassade. Von hier aus können wir unseren Rundgang abschließen, wenn wir entlang der Schlossmauer vorbei an der geheimnisvollen Pforte laufen, die dem Kaiser direkten Zugang zur „Kaiserpforte" der Erlöserkirche ermöglichte.

Ansicht um 1900

Diejenigen, die die Stadt aus mehreren Perspektiven erleben möchten, folgen der Einladung des geöffneten Parktors und betreten den **Schlosspark**, um ihn nach kurzer Zeit wieder zu verlassen. Sie folgen dem Mühlweg am Fuße des damaligen „Herrschaftlichen Bergs", passieren die Jugendherberge, entdecken stille Oasen und ein lebhaftes Spielfeld und blicken nach oben, wo die jetzt vertrauten Türme in einer neuen Perspektive erscheinen. Der Weg führt zur Thomasbrücke über eine Treppe, der Aufstieg wird mit einem schönen Ausblick in Richtung Dorotheenstraße belohnt. Spüren Sie die mediterran anmutende Atmosphäre der von üppigem Grün umrankten Terrassen mit den Türmen im Hintergrund? Nach wenigen Schritten ist das untere Ende der Dorotheenstraße erreicht.

Blick von der Thomasbrücke

4

Buntes Markttreiben in der Rasterordnung: Die barocke Neustadt rund um die Louisenstraße

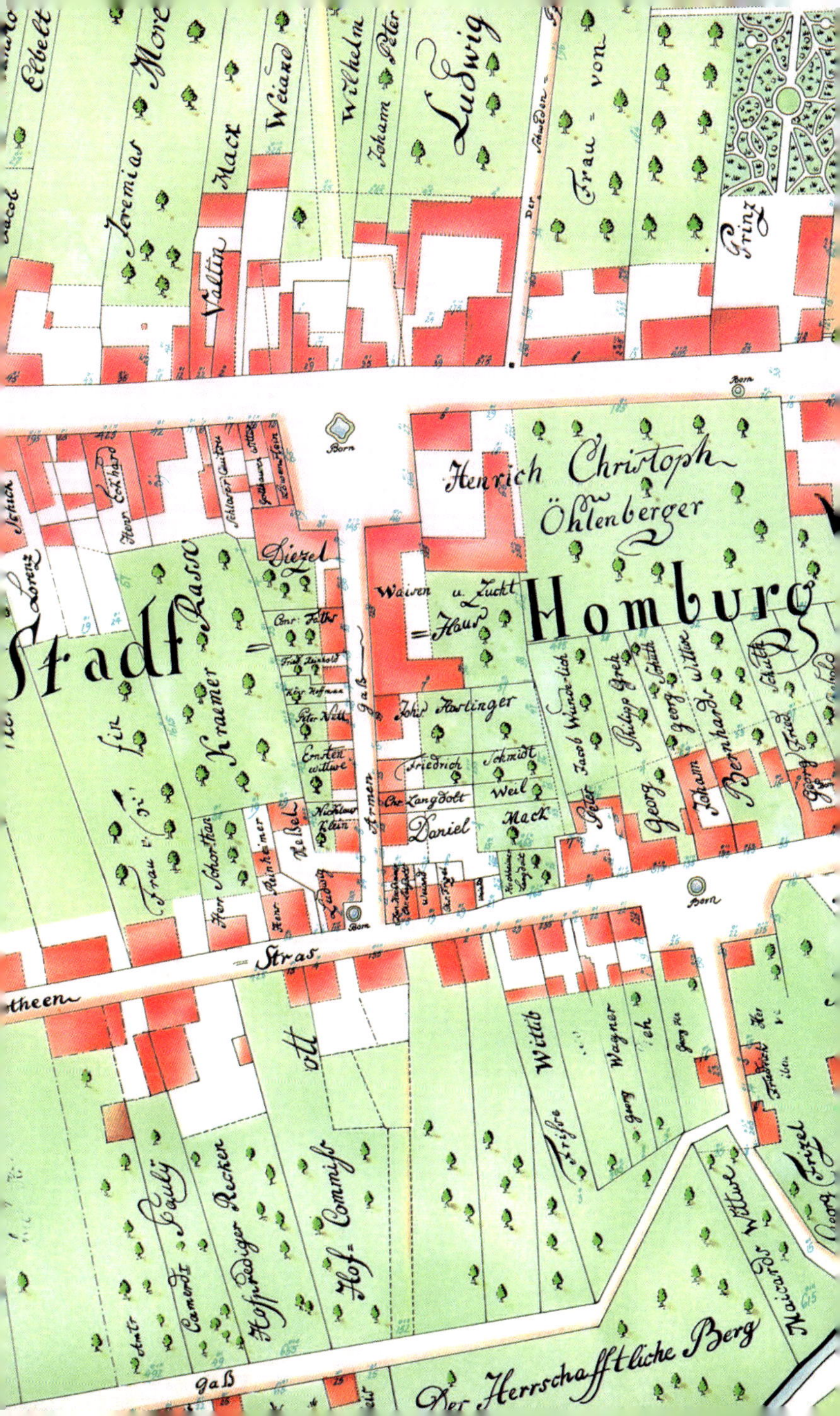
Stadt Homburg
Henrich Christoph Öhlenberger
Waisen u. Zucht=Haus
Armen Gaß
Stras
Der Herrschafftliche Berg
Ludwig
Jeremias More
Valtin Mack
Weiand
Wilhelm
Johann Peter
Frau von
Prinz
Elbelt
Diezel
Kraemer
Frau v.
Joh. Harlinger
Friedrich Schmidt
Weil
Daniel
Mack
Chr. Langdolt
Jacob Wunderlich
Philipp Greb
Georg Schütt
Georg Wittwe
Johann Bernhardt
Peter
Georg
Wittib
Wagner
Hof=Commiss
Hofprediger Recken
Camerd.
Frizel
Georg
Wittwe
Born
Gaß

Buntes Markttreiben in der Rasterordnung: Die barocke Neustadt rund um die Louisenstraße

Länge: etwa 1,5 Kilometer (inklusive Abstecher etwa 2,5 Kilometer)
Strecke: Laufen durchs Stadtgebiet, weitgehend eben

Wir beginnen unseren Rundgang am Anfang der Louisenstraße – an der Stelle des ehemaligen **Neuen Thores** – und gehen einige Schritte im Fluss der Zeit.

Geboren wurde die Louisenstraße auf dem Reißbrett, ersonnen von Paul Andrich für Friedrich II. als Hauptachse der „Louisenstadt“. Der Landgraf wollte eine neue Ordnung in allem schaffen; die Stadt sollte aus ihren mittelalterlichen Grenzen herauswachsen, nicht zuletzt, um die umworbenen Glaubensflüchtlinge und andere Neusiedler aufnehmen zu können. Eine planmäßige Ausdehnung sollte es sein, für die Zukunft angedacht: Eine Rasterstruktur, angelehnt an die Achsen, die den Schlossbau bestimmt hatten.

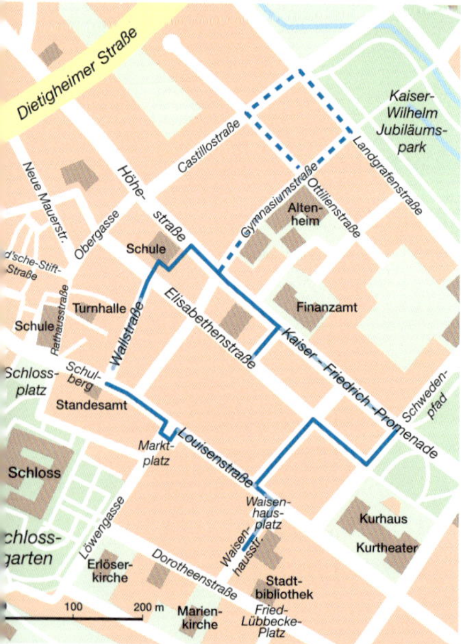

Die Bebauung der nach der zweiten Gattin des Landgrafen, Louise Elisabeth, geborene Prinzessin von Kurland (1646 – 1690), benannten Straße ging ab 1685 zügig voran: 1688 konnte Trinkwasser an einem an die Schlosswasserleitung angeschlossenen Brunnen geholt werden, 1694 wurde die Straße gepflastert. Die ersten Gasthöfe entstanden, ein Nachtwächter sorgte für nächtliche Ruhe, ein Postwagen erlaubte zweimal wöchentlich dem tüchtigen Geschäftstreibenden, nach Frankfurt zu fahren und abends „in der Louisenstraße bei den Seinigen" zurück zu sein. Angezogen von den zahlreichen vom Landgrafen in Aussicht gestellten Privilegien fanden immer mehr Hugenotten den Weg nach Homburg - 1715 erstreckte sich die Straße an der Ostseite bis zur Nummer 52. Sie wurde zur Wirtschaftsader der Stadt; als solche hat sie, wie ein Seismograph, alle Veränderungen „aufgezeichnet" - von den Anfängen des Kurwesens bis zu den Jahren des Wirtschaftswunders.

Wir folgen dem Verlauf der Louisenstraße, passieren die Haingasse, entdecken das Haus Louisenstraße 9, dessen Fassade von eleganten, floralen Jugendstilelementen geprägt ist, und erreichen den Beginn der Fußgängerzone. Zu unserer Rechten öffnet sich der **Marktplatz** – er verdankt Louis Jacobis Gespür für städtebauliche Lösungen seine Gestalt. Von der ursprünglichen baulichen Intention – hier sollte ein dreiseitig von Arkaden umgebener Platz entstehen – erzählen die 1907 entworfenen **Marktlauben**.

Marktplatz, kaiserlicher Ausritt

Marktlauben, Detail

Jacobi selbst bezeichnete sie lapidar als „Renaissancebau mit Holzarchitektur", und mit dieser Beschreibung ist alles gesagt: Die Arkaden zitieren Motive der Schlossportale, das Obergeschoss ist im Stil des Fachwerk-Historismus gestaltet. Eine Inschrift verkündet: „Der Stadt zur Würde – Dem Platz zur Zierde – Und uns zur Freude – Steht das Gebäude". Masken und (Porträt-)Köpfe beleben die lange Front – auch der Entwerfer ist zu erkennen. 1926 wurden die Lauben geschlossen und zu kleinen Läden umgestaltet.

Dienstags und freitags erstreckt sich von hier aus bis zum Kurhaus der bunte Wochenmarkt. Die ursprüngliche Idee, den Platz mit einem Brunnen zu beleben, wurde erst 1979 von Harri Freder umgesetzt. Seitdem erinnert der Laternenfest-Brunnen an Bad Homburgs größtes Volksfest, das jährlich am letzten August-Wochenende die Straßen und Plätze der Stadt mit Licht, Klang, Kettenkarussell, Schießbuden und Bratwürsten aller Couleur erobert. Die Homburger können erneut einer Hoheit (auf Zeit) huldigen – der jeweils amtierenden Laternenkönigin.

In Augenhöhe ist die Louisenstraße eine bunte Welt der Schaufenster; ihren alten Charme entdeckt man, wenn man den Blick nach oben richtet – dann tritt die Individualität der einzelnen Gebäude hervor. Das Pendant zu den Marktlauben, das Haus Nummer 19 mit seinem Erker, das Jugendstilakzente mit historisierenden ländlichen Elementen kombiniert (1909), das Haus Nummer 26, die ehemalige „Goldne Rose", das immer noch das Straßenbild beherrscht, und schließlich das Haus Nummer 43, dessen Fassade 1875 die erste war, die in rotem Sandstein – bis dahin den öffentlichen Gebäuden vorbehalten – errichtet wurde, seien als Beispiele genannt.

Doch nicht nur das 20. Jahrhundert hat das Straßenbild verändert. Der wirtschaftliche und soziale Strukturwandel der zweiten Hälfte des 19. Jahrhunderts fand schnell im Erscheinungsbild der Straße seine Entsprechung. Umbauten waren an der Tagesordnung. Manch eines der umgestalteten Gebäude bekennt es offen: *„Man schaut mich an und thut mich lesen / ein alter Bau bin ich gewesen; / Ob ihr mich nun auch recht betracht / So bin ich wieder neu gemacht!"*

Wären wir diese Strecke um 1900 gelaufen, dann hätten wir eine abwechslungsreiche Geschäftslandschaft vorgefunden: Kurzwa-

Marktplatz, Markttag

Louisenstraße 19, Marktplatz mit Laternenfest-Brunnen

ren, Pelzwaren, Südfrüchte und Konditoreiwaren, außerdem wichtige Dienstleister wie Coiffeure und Masseure und ... bedenklich viele „Hühneraugen-Operateure". An der Nummer 27 hätten wir das Geschäft der Schwestern Balmer entdeckt, deren Sammelleidenschaft und Liebe zu Homburg zur Gründung des „Städtischen historischen Museums" geführt hat.

Zu unserer Rechten öffnet sich ein Platz von angenehmer Proportion: der **Waisenhausplatz**. Hier, an exponierter Stelle, entstand unter Friedrich III. Jacob ein Bauwerk der Nächstenliebe – ein Heim für Homburgs Waisenkinder. 1721 als Rohbau fertiggestellt, konnte das Haus erst 1742 die ersten Waisen aufnehmen. Die mangelnde Bereitschaft der Homburger, das Projekt zu unterstützen, zwang den Landgrafen, das Gebäude zunächst zu vermieten. Die fortschrittlichen Ideen des Gründers machten nach 1742 das Haus über Homburgs Grenzen bekannt und die Zuwendungen mehrten sich derart, dass sie den Bedarf übertrafen. Die „Landgräfliche Stiftung" besteht heute noch – in einem 1966 erstellten Gebäude am Stadtrand.

Das barocke Gebäude des Waisenhauses wurde 1823 aufgestockt und umgebaut, der Bereich an der Waisenhausstraße blieb aber bis heute annähernd unverändert. Es korrespondiert mit den anderen zweigeschossigen traufständigen Häusern, die den Charakter dieser Straße über einen Zeitraum von gut 300 Jahren bewahrt haben – unspektakulär, dennoch voller interessanter Details. Spektakulär ist hingegen der Blick in Richtung der **St. Marien-Kirche**, der Dialog zwischen der Hauptachse der Stadt und der Vertikalität des Kirchenturms.

Das Armen- und Waisenhaus um 1750

Zur Erinnerung: Tafel an der Fassade des ehemaligen Waisenhauses

Waisenhausstraße 6 – 8

Waisenhausplatz, Blick in Richtung St. Marien …

Zurück am Waisenhausplatz werfen wir einen Blick in Richtung des **Kriegerdenkmals** (von Christian Holler entworfen, 1875 enthüllt), das sich vor einem mit Freude an Mittelalter-Zitaten inszenierten Bau im Hintergrund abhebt.

Wir biegen in die Audenstraße ein; die im Zeichen des Spätklassizismus erbauten Häuser zu unserer Rechten entfalten ihren Charme. Die Straße ist die Kulisse einer kosmopolitischen Genusswelt: Hier kann man italienisch oder vietnamesisch speisen, alle Facetten der Kartoffel kennenlernen oder urig an den Werkbänken einer ehemaligen Schreinerei essen.

Die Elisabethenstraße, die wir bald erreichen, setzt das Rastersystem fort. Links, im Haus Nr. 36, wuchs Georg Antes auf, der berühmte Tenor, der 1903 an der MET auftrat. Schräg gegenüber (Nr. 37) befand sich das Ladengeschäft der „Zwieback- und Biscuitfabrik" von Gustav Arrabin – Hoflieferant der Könighäuser von England, Schweden und Norwegen! Wir folgen der Straße nach rechts bis zur Ecke Schwedenpfad. Im Haus zu unserer Rech-

… und in Richtung Louisenstraße

ten (Schwedenpfad 8), seinerzeit „Café du Parc" genannt, nächtigte Fjodor Michailowitsch Dostojewski (1821 – 1881) anlässlich sei-

Audenstraße

Schwedenpfad 10

nes letzten Homburg-Besuchs 1870. Zur Linken (Schwedenpfad 10) steht ein spätklassizistischer Bau der 1860er Jahre, vielleicht das schönste vom damaligen Kurhaus inspirierte Gebäude.

Kaiser-Friedrich-Promenade 45

Kaiser-Friedrich-Promenade 28

In der Kaiser-Friedrich-Promenade biegen wir links ab; die eleganten, großzügigen Villen mit den Hausnummern 30 und 28 bilden den Auftakt zu einer Reihe von hochkarätigen Bauten, die unter Denkmalschutz stehen – sie zeichnen den Bogen vom Klassizismus bis zum Historismus.

Kaiser-Friedrich-Promenade 35

Auf der linken Straßenseite treten die Eckbauten zum Schwedenpfad und zur Audenstraße als interessante, individuelle Lösungen hervor. Vor dem **Finanzamt** – ehemalige Kaserne – öffnet sich die Kasernenstraße, und mit ihr die Gelegenheit, einen Blick in den oberen Bereich der Elisabethenstraße zu werfen.

Auf dem Exerzierplatz hinter der Kaserne errichtete Louis Jacobi im Herbst 1870 auf Wunsch und unter intensiver Beteiligung der Kronprinzessin Victoria eine „Lazareth-Baracke“ für die Verwundeten des Deutsch-Französischen Krieges. Der Bau verfügte über ein innovatives Heizsystem und wurde mit großer Liebe zum Detail eingerichtet – höhenverstellbare Lesepulte, Bilder und Pflanzenampeln gehörten zu der Ausstattung. Als Modell auf der Wiener Weltausstellung präsentiert, wurde die Baracke mit einer Goldmedaille ausgezeichnet. 1906 befand sich die „Muster-Kranken-Baracke“ auf der Liste der Sehenswürdigkeiten Homburgs!

Das Haus Kaiser-Friedrich-Promenade 6 wurde 1839/40 nach einem Entwurf von Georg Moller für Dr. Eduard Christian Trapp errichtet. Die Villa war Sitz seiner Familie und zeitgleich gut besuchte Kurpension – unter den Gästen war keine Geringere als Augusta, Gattin des (späteren) Kaisers Wilhelm I.!

Elisabethstraße 25

Dr. Eduard Christian Trapp (1804–1854) war die treibende Kraft, die die Entwicklung Homburgs zur Kurstadt durch Vorträge und Schriften initiiert und begleitet hat.

Zur Rechten öffnet sich die Gymnasiumstraße. Ein Blick nach unten offenbart eine harmonische Bebauung, deren bewegte Giebellandschaft sich vor dem Grün des nahen Jubiläumsparks abhebt. Die rechte Straßenseite ist vom Rind'schen Bürgerstift dominiert – der Neubau integriert sensibel die Gebäude des einstigen Gymnasiums. Das gesamte Areal Gymnasiumstraße – Ottilienstraße – Castillostraße kann als Abstecher erkundet werden; zahlreiche interessante Bauten, die um die Jahrhundertwende den Balanceakt zwischen Historismus und Jugendstil geschafft haben, sind zu entdecken.

Dr. Eduard Christian Trapp

Wir überqueren die Höhestraße und folgen dem Fußweg, der in Richtung Elisabethenstraße an der Volkshochschule entlang führt. Das Gebäude, an dem wir entlanglaufen, wurde 1877 in unmittelbarer Nähe der Synagoge als Jüdisches Schul- und Gemeindehaus entworfen. Die Volkshochschule trägt den Namen Bernhard Belings, der 1949 den Volksbildungskreis Bad Homburg gegründet hatte, um darin „für Verständnis und Toleranz zu wirken" – ein Vermächtnis, dem man sich auch heute verpflichtet fühlt. Die gut besuchte VHS zieht Jung und Alt mit einer spannenden Vielfalt von Themen an.

Gymnasiumstraße, Blick in Richtung Jubiläumspark

Die ehemalige Synagoge

VHS VOLKSHOCHSCHULE UND MUSIKSCHULE BAD HOMBURG

Elisabethenstraße 4–8
61348 Bad Homburg
Tel. Volkshochschule: 06172/23006
Tel. Musikschule: 06172/9257-13
www.vhs-badhomburg.de

An der Elisabethenstraße erinnert ein Mahnmal an die jüdischen Bürgerinnen und Bürger, die Opfer des Nationalsozialismus wurden. Dort stand einst die von Christian Holler geplante Synagoge. Am 9. November 1866 geweiht, 1904 von Louis Jacobi umgestaltet, wurde sie am 10. November 1938 in Brand gesetzt und zerstört. Zwei Informationstafeln mit historischen Ansichten, Grundrissen und Fotos dokumentieren die Geschichte der Erbauung und Zerstörung der Kultstätte. Die Synagoge war als perspektivischer Endpunkt der Wallstraße (ehemalige Judengasse) gedacht; die Straße hat abschnittsweise ihr Profil aus der barocken Gründungszeit behalten – besonders auf der rechten Seite, wo die Gärten der denkmalgeschützten Häuser bis zur einstigen Stadtbefestigung reichen.

E-Werk

Von der Straße zurückversetzt, dennoch unübersehbar, überrascht der polychrome Klinkerbau Wallstraße 26. Das beliebte **E-Werk**, das heute als Jugendkulturtreff zahlreiche Veranstaltungen anbietet, entstand 1897 als Dampfkraftwerk. Die Kleinbahn, die den „Alten Bahnhof" mit Dornholzhausen (ab 1899) und später mit der Saalburg verbinden sollte, benötigte elektrische Energie. Der ursprünglich symmetrische, dreischiffige Baukörper erhielt 1910 einen Anbau.

JUGENDKULTURTREFF E-WERK · Wallstr. 26 · 61348 Bad Homburg, Tel.: 06172/25342-0 · Workshops/Konzerte/Café

Am Ende der Wallstraße erreichen wir das Haus Louisenstraße 1 – der Kreis schließt sich vor dem spätbarocken Gebäude mit Mansardwalmdach.

5 Sehen und gesehen werden im Kur- und Weltbad: Entlang der Kaiser-Friedrich-Promenade

Sehen und gesehen werden im Kur- und Weltbad: Entlang der Kaiser-Friedrich-Promenade

Länge: etwa 3 Kilometer (inklusive Rückweg zu Fuß)
Strecke: Laufen durchs Stadtgebiet am Kurpark entlang, weitgehend eben

Unser Rundgang beginnt am **Kurhaus**: Das Gebäude ist bereits das vierte an dieser Stelle und steht mit seinem Theater und den zahlreichen Veranstaltungsräumen in der Tradition der Vorgängerbauten.

Wie kam Homburg – ein Städtchen, in dem das Leben durchaus ländliche Charakterzüge hatte, wo 1841 per Reglement dafür gesorgt werden musste, dass das Austreiben der Schweine während der Badesaison unterblieb – zu einem Kurhaus?

Nachdem 1809 und 1834 die Heilquellen wiederentdeckt wurden, träumte Homburg von einem Leben als Kurbad. Das Landgrafenhaus konnte sich den Traum aus eigener Kraft nicht erfüllen; Landgraf Philipp (1779–1846) überwand daher die Zurückhal-

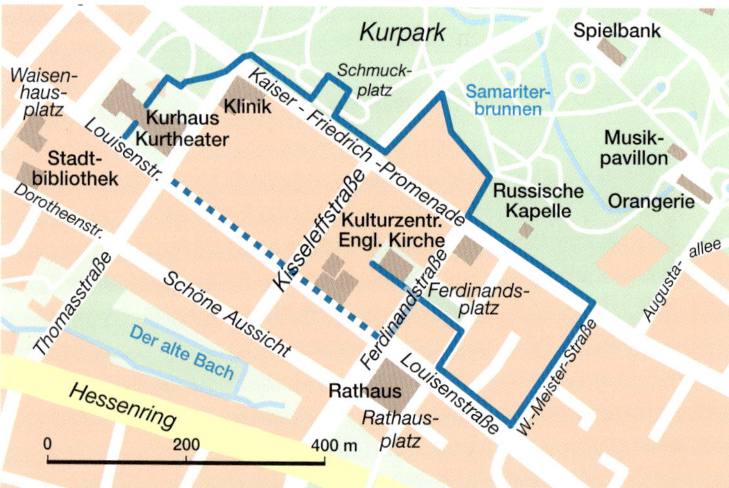

Das Kurhaus heute

tung, gar Animosität, die gegen das „Hazardspiel“ herrschte, und gestattete 1840 den Brüdern François und Louis Blanc das Betreiben einer Spielbank. Als Gegenleistung sollten die Blancs bleibende Einrichtungen von hohem Wert für Homburg schaffen.

Um das „Privilegium zur Ausübung der Hazardspiele“ zu erhalten, verpflichteten sich die Spielbankpächter, ein Kurhaus zu errichten, auf dessen Terrain einen „öffentlichen englischen Park“ anzulegen, ein „gutes Billard, ein Lesekabinett mit französischen, englischen und deutschen Zeitschriften“ zu unterhalten und nicht zuletzt alles zu tun, „was den Fremden angenehm und nützlich“ sein konnte. Für die Internationalität des später hier weilenden Publikums wurden bereits 1840 die Weichen gestellt.

Mit der Eröffnung der Spielbank und dem Bau des ersten Kurhauses, das 1843 fertiggestellt wurde, vollzog sich ein rascher Wandel im Wesen der Kur und in der Struktur der Stadt. Eine neue Ära

Das Kurhaus einst

hatte begonnen. Peter Joseph Lenné wurde mit der Gestaltung des Kurparks beauftragt, der belgische Architekt Jean-Pierre Cluysenaar entwarf 1861 eine Neorenaissance-Fassade für das zweite Kurhaus, nachdem ein Brand einen Flügel des ersten Baus zerstört hatte. Der Platz vor dem Kurhaus bildete die prachtvolle Kulisse für 40 kostbare Orangenbäume. Die großzügigen Salons, der „Goldsaal" und das Theater im Rokoko-Stil übertrafen alle Erwartungen. Kurhausgarten und Terrasse wurden zum beliebten Treffpunkt der hier weilenden Kurgäste, „Herumpromenieren" war angesagt, sehen und gesehen werden. Das Orchester spielte nachmittags und abends, bei Dunkelheit wurde der Garten märchenhaft beleuchtet.

Hazardspiele vor festlicher Kulisse

Das „Programm der Festlichkeiten während der Anwesenheit der Allerhöchsten Herrschaften" zu den Kaisermanövern 1897 klingt verlockend: Abends „Turner-Pyramiden, Illumination, Feuerwerk und Leuchtfontaine" oder „Figaro's Hochzeit", zum Abschluss „Ball im Kurhause" (Kleiderordnung: „Ausgeschnittene Kleider"(!) für die Damen, „Frack und weisse Binde" für die Herren).

Am 8. März 1945 zerstörte ein Fliegerangriff den eleganten Bau, 1952 wurde das dritte Kurhaus errichtet, um schließlich 1984 dem jetzigen zu weichen … und dieses wiederum soll einem Neubau weichen, einem „Kurhaus der Zukunft – ein attraktives Markenzeichen und Flaggschiff für die Innenstadt der Kurstadt" – so die Auslobung des Architekturwettbewerbs. Offen bleibt, ob die äußere Erscheinung zeitgemäß oder historisierend sein wird, denn beide Gestaltungsansätze sollen von den Teilnehmern entwickelt werden.

Wir betreten das Kurhaus, nehmen die Treppe nach unten, durchqueren den Kurhausgarten, erreichen die Kaiser-Friedrich-Promenade und biegen rechts ab. Zur Linken entfaltet der Kurpark seinen

Kaiser-Friedrich-Promenade 53

Zauber, zur Rechten erzählen die Villen und Hotels vom Charme des einstigen Weltbades. Doch das Erste, was uns begegnet, ist ein Geschöpf der 60er Jahre des 20. Jahrhunderts … Einst beherrschte hier das **Hotel Minerva** – ein Haus mit „reizender Fernsicht" – die Ecke zur Ludwigstraße.

1834 als „Städtische Promenade" angelegt, um die Stadt mit den Mineralquellen zu verbinden, erfuhr die Straße erst ab 1843, nach der Einweihung des Kurhauses, eine lebhafte Bautätigkeit. Als jüngste im Bunde der drei wichtigen Parallelstraßen fügt sie sich zwar ins Raster, hat aber einen ganz anderen Charakter als die Louisen- oder die Dorotheenstraße: Ihre offene Bebauung steht in direktem Dialog mit dem Park als Verlängerung des Naturraumes. Detaillierte Verordnungen regelten von Anfang an die Gestaltung der zu errichtenden Gebäude und sämtlicher Vorgärten – Bestimmungen, die einen nachhaltig positiven Einfluss auf das Profil der eleganten Straße ausgeübt haben. Das Ergebnis war ein Straßenbild von einer außergewöhnlichen Harmonie.

Schmuckplatz mit Jaume Plensa, Nosotros, Blickachsen 7

Das Haus Nummer 49/51, 1855 von Christian Holler umgestaltet, beherbergte im Jahre 1892 Oscar Wilde; das Haus Nummer 53, 1843 errichtet, wurde 1901 von Louis Jacobi mit einer farbig-freudigen Jugendstilnote versehen. Diese zwei Häuser stehen beispielhaft für das Schicksal der meisten anderen: Der rasche Wandel der Mode und die erfreulich steigenden Gästezahlen erforderten eine permanente Anpassung der Bausubstanz!

Vom **Schmuckplatz** auf der gegenüberliegenden Straßenseite kann das Villenensemble am besten erfasst werden. Von Lenné angedacht, von der Gartenbaufirma der Gebr. Siesmayer 1892 ausgeführt, wurde der Schmuckplatz zum Ort des Dialogs zwischen den Marmorbüsten des Kaisers Friedrich III. (1831–1888) und seiner Gattin Victoria, Kaiserin Friedrich (1840–1901). Alle zwei Jahre, zur „Blickachsen"-Zeit, gesellt sich dazu eine dritte Skulptur in der Mitte des Platzes und lädt zur Neubetrachtung ein. Beide Denkmale sind Werke des Bildhauers Joseph Uphues.

Wir wechseln die Straßenseite – die malerisch gestalteten Nebengebäude im Hintergrund verdienen einen näheren Blick. Elegant in Backstein (57a), traditionsverbunden in Fachwerk (59a) oder von polychromer Materialvielfalt geprägt (61b) bilden alle diese „Kinder" des Historismus einen anregenden Kontrast zu der vorderen Villenbebauung. Die Nummern 59a und 61b beherbergten übrigens die Ateliers zweier Konkurrenten – des Photographen J. van Bosch und des Königlichen Hofphotographen T. H. Voigt.

Sehenswertes im Hintergrund

„Ritter's Park-Hotel" um 1920

Das Haus an der Ecke zur Kisseleffstraße gehört zu den wenigen, die fast unverändert die Formensprache des Klassizismus bewahrt haben – es ist das 1852/53 errichtete Haus von Christian Holler (1819–1903). Er war einer der meistgefragten Baumeister seiner Zeit, Verfasser der Entwürfe für zahlreiche Villen und Sakralbauten in Homburg und Umgebung. Das Haus, das ihm zugleich als Baubüro diente, nahm – wie in der Saison damals üblich – auch Kurgäste auf. Das beliebte Gästehaus in bester Lage wurde gerne von Engländern aufgesucht, vielleicht um in der Nähe von Edward Prince of Wales zu sein, der oft im benachbarten Hotel weilte.

Das legendäre „Ritter's Park-Hotel", ein „Etablissement allerersten Ranges", das um die Jahrhundertwende illustre Gäste aus aller Welt beherbergte, war das erste Haus am Platz, die angesagte Adresse für Fürsten und Maharadschas. Unermüdlich ließ es der Hotelier Conrad Ritter erweitern und modernisieren – 1910 waren die Hälfte der 200 Zimmer begehrte Balkonzimmer, drei Aufzüge sorgten für Bequemlichkeit, Stallungen und eine Autogarage standen den Gästen zur Verfügung. Teile des ehemaligen Prachtbaus wurden im heutigen Steigenberger-Hotel integriert.

Wir biegen in die Kisseleffstraße links ab; die Häuser mit den Nummern 17, 19 und 21 sind Überformungen dreier „Landhäuser", die Sophie Gräfin Kisseleff um 1843 hatte errichten lassen. Die spielbesessene Gräfin, die als „Babuschka" in Dostojewskis Roman „Der Spieler" erscheint, war gleichzeitig Aktionärin der Spielbank! Wer konnte besser als Dostojewski wissen, was Spielsucht bedeutet? Der Schriftsteller hielt sich mehrmals in Homburg auf; in seinem Roman „Der Spieler" mit anderen Spielbädern verwoben und zu „Roulettenburg" verfremdet, lebt die damalige Stadt mit ihren schönen und lasterhaften Seiten weiter. Denn – so ein Brief an seine Frau Anna: *„Der Park ist großartig, das Kurhaus ebenfalls, die Musik wunderschön. Hier ließe sich gut leben, wenn nur das verfluchte Spiel nicht wäre"*.

Am Ende der Häuserzeile biegen wir in die Lindenstraße rechts ab, um dann über den Agnonweg zurück zur Promenade zu finden. Vor uns, in Form einer Schriftenrolle, steht das von Dina Kunze entworfene Denkmal für **Samuel Josef Agnon**. Zu unserer Rechten befand sich, anstelle des heutigen Neubaus mit der Nummer 82, die „Villa Impériale". Sie ging

Gräfin Kisseleff unterwegs durch Homburg

Russische Allerheiligen-Kirche

Grundsteinlegung der Russischen Kirche, 1896 (Bildmitte: Zar Nikolaus II.)

1924 in Flammen auf – eine schmerzliche Zäsur für den Schriftsteller und späteren Nobelpreisträger Agnon, der hier, umgeben von seinen wertvollen Büchern und Manuskripten, seit 1921 im Kreise seiner Familie gelebt hatte.

Vergoldete Verblendung, russische Folklore-Motive als Jugendstil-Fries, rote Ziegel, Sandstein, Schiefer: Das kleine Gotteshaus ist eine Ausnahmepräsenz an der Promenade. In Anlehnung an den altrussischen Baustil erzählt auch heute die **Russische Allerheiligen-Kirche** mit ihrer goldschimmernden Zwiebelkuppel von der Zeit um 1900, als russische Gäste Homburg als Kurort gerne aufsuchten. Der Wirkliche Geheime Staatsrat Alexander Proworoff, der gerne als „Rosenkavalier" den Damen, die ihm begegneten, eine Blume überreichte, war mehr als nur ein allseits beliebter Kurgast – seinem Engagement ist die Errichtung der Kirche zu verdanken.

Von Louis Benois im fernen St. Petersburg geplant, entstand die Kirche unter der Bauleitung Louis Jacobis. 1899 wurde sie feierlich geweiht. Das Menü des anschließenden Festbanketts in Ritter's Park-Hotel ist überliefert: Es fängt mit Zakouska und Bortsch à la Russe an und endet, nach unzähligen Gängen, mit Gâteau Excellence und Moët Chandon.

Kaiser-Friedrich-Promenade 95 ...

... und 103: Entdecken Sie die Details!

Unweit der Russischen Kirche, Am Elisabethenbrunnen 4, entstand 1909 das Russische Pfarrhaus (Architekt: Louis Jacobi). Der Bau entstand, so Jacobi, in bewusster Anlehnung an die „russische Bauweise".
Besichtigung der Kirche innerhalb der Kurparkführungen.

Auf der gegenüberliegenden Straßenseite zeugen die Villen mit den Nummern 87 und 89 und, einige Schritte weiter, 93 und 95, von der Eleganz der spätklassizistischen Formensprache des 19. Jahrhunderts.

Bei der Betrachtung des Hauses Promenade 101 mit seiner französischen Anmutung käme man kaum auf den Gedanken, dass es sich hier ursprünglich um ein Stallgebäude handelte. Nebenan, an der Ecke zur Wilhelm-Meister-Straße, lässt eine hervorragend renovierte Villa mit ihrem geometrisch angelegten Garten nachvollziehen, wie wohltuend eine stimmige Sanierung für das gesamte Straßenbild sein kann.

Die andere Straßenecke (Promenade 105) ist von einem repräsentativen Bau des Historismus beherrscht, der Landhausstil und Renaissance-Zitate vereint.

Wilhelm von Meister, Landrat des Obertaunuskreises, später Regierungspräsident in Wiesbaden, lebte hier von 1895 bis 1930. Seine zweite Frau, Leila, eine in England geborene Amerikanerin, schuf mit geschickter Hand eine wohnliche, einladende Atmosphäre. Auch Kaiser Wilhelm II., verliebt in das Gitarrenspiel der „Frau Landrat" und in ihre köstlichen Sandwiches, zählte zu den vielen Besuchern des Hauses. Der Kronprinz bewunderte das Tennisspiel der sportlichen Frau; beide – Kaiser und Kronprinz – wollten Taufpaten ihres ersten Sohnes sein. Leila von Meister hat ihre Erinnerungen niedergeschrieben – ihre Freude am Erzählen hielt zahlreiche heitere Episoden aus den letzten Jahren der Monarchie fest.

Bevor wir in die Wilhelm-Meister-Straße abbiegen, erwarten uns an der Promenade, nur einige Schritte entfernt, weitere herrschaftliche Villen. Das spätklassizistische Haus Promenade 109 entfaltet einen großzügigen Erker in der Achse der Augustaallee – ein Blick von hier aus führt direkt zum Elisabethenbrunnen. Im vornehmen Nachbargebäude mit dem malerischen Kutscherhaus wohnte Dr. Ritter von Marx. Die Villen mit den Hausnummern 125 und 127, die erste in der „Beaux-Arts"-Tradition, die zweite ein gelungenes Beispiel des Historismus mittelalterlicher Inspiration, stehen in einem spannenden französisch-deutschen Dialog.

Kaiser-Friedrich-Promenade 105 – Villa von Meister

Hier wohnte Dr. Ernst Ritter von Marx

Die rechte Seite der Wilhelm-Meister-Straße führt den Dialog der verschiedenen Einflüsse fort, die Anfang des 20. Jahrhunderts die Architekturlandschaft bestimmten. Phantasievolle Giebel, Balkone und schmiedeeiserne Tore machen den Charme der ehemaligen Parkstraße aus.

Zur Linken, an der Ecke zur Louisenstraße, erhebt sich der Eckturm einer Villa mit der Anmutung eines Loire-Schlösschens. Die **Villa Hammelmann**, ein Werk Jacobis, mit ihrem parkartigen

Kaiser-Friedrich-Promenade 125

... und 127: im Dialog

Wilhelm-Meister-Str. 4

Villa Hammelmann, Louisenstraße 120

Grundstück und dem Stallgebäude im Hintergrund, erlaubt einen Einblick in eine verschwundene Welt: Kaum ein anderes Anwesen in Bad Homburg konnte die Konstellation Villa – Gartenareal – Kutscherhaus so intakt erhalten.

Wir biegen rechts in die Louisenstraße ab, dann wieder rechts in die Friedrichstraße. Die Russische Kirche erhebt sich als Solitär vor der Kulisse des Kurparks. Links erleben wir den **Ferdinandsplatz** – Bad Homburgs einziger Square – ein harmonisches grünes Areal.

Vor uns steht, in grauem Bruchstein, mit anthrazitfarbenem Schieferdach, die von Christian Holler entworfene, ländlich anmutende **Englische Kirche**. Errichtet für die in der zweiten Hälfte des 19. Jahrhunderts immer größer werdende Gemeinde der Kurgäste aus England, wurde sie 1868 als Christ Church geweiht. Seit 1908 blickt Elizabeth, die „englische Landgräfin“, von ihrem Marmorsockel Richtung Square (Bildhauer: Fritz Gerth). Der Erste Welt-

Ferdinandsplatz, Blick zum ehemaligen Hotel „Metropole"

krieg unterbrach jäh die Beziehungen zu England, die 1914 entweihte Kirche erfuhr wechselnde Nutzungen. Heute beleben Konzerte, Kabarett, Lesungen, Vorträge und Ausstellungen das historische Gebäude.

KULTURZENTRUM ENGLISCHE KIRCHE
Ferdinandstraße 16 · 61348 Bad Homburg v. d. Höhe
Tel.: 06172/100-4111 · www.bad-homburg.de
In der Zeit von Oktober bis April haben die Ausstellungen Begleitcharakter und sind auch während der üblichen Konzerte und Veranstaltungen zu sehen. Während des Sommers wird die ganze Englische Kirche komplett zum Ausstellungsraum.

Denkmal Landgräfin Elizabeth: „Enthhüllt am 11. August 1908 durch der Landgräfin Großneffen König Eduard VII Urgroßneffen Kaiser Wilhelm II"

Ausstellung in der Englischen Kirche

Der Ferdinandstraße folgend erreichen wir nach wenigen Augenblicken das **Rathaus** – hier stand einst der (Alte) Bahnhof, der ab 1860 bis zum Bau des Neuen Bahnhofs 1907 Homburg mit dem Rest der Welt verband. Auf dem ehemaligen Bahnhofsvorplatz – Louisenstraße 102 – begrüßt „Bonkrasch", den wir von unserem zweiten Rundgang kennen, den aufmerksamen Passanten. Erinnern Sie sich an ihn?

„Alter Bahnhof" und der unweit daneben errichtete „Fürstenpavillon" sind Geschichte, ebenso wie die illustren Gäste, die man hier antraf: Kaiserfamilie, König Umberto I. und Königin Margarethe von Italien, Zar Nikolaus II. und Zarin Alexandra von Russland oder König Edward VII. von England ...

Louisenstraße 102, „Bonkrasch"

Wer das Gefühl hat, Bad Homburg sei „zweimal so lang wie breit", wie ein Stadtführer Anfang des 20. Jahrhunderts schrieb, ist jetzt mit dem Bus in wenigen Minuten am Bahnhof oder am Kurhaus. Das Gleiche gilt aber auch für den Fußweg.

Durch die Fußgängerzone zurück zum Kurhaus: Der weitere Verlauf der Straße bietet Interessantes in Augenhöhe und Sehenswertes oberhalb der Schaufensterfront – schmiedeeiserne Balkone, in Buntsandstein gearbeitete Fensterüberdachungen, Rankenfriese – und erinnert an die Zeit, als zahlreiche Hotels entlang der Louisenstraße um die Gunst der Gäste aus aller Herren Länder wetteiferten. An der Stelle des Karstadt-Warenhauses stand das **Royal Victoria Hotel**, ein beliebter Treffpunkt der englischen Kurgäste. Schräg gegenüber, an der Ecke zur Kisseleffstraße, in dem Haus mit dem von Karyatiden getragenen Balkon, befand sich das **Hotel Russischer Hof** – die spätere Gustav Weigand Stiftung.

Louisenstraße 80/82

Was boten die Schaufenster einst? Alles, was das Herz begehrt: vom Pariser Lachsschinken bis zu den täglich angefertigten „frische Cigaretten, für jeden Raucher nach seinem Geschmack"... Eine Immobilien-Agentur durfte genauso wenig fehlen wie ein Juwelier, der sich auf die „Nachahmung der Saalburg-Funde" spezialisiert hatte. Das Bild einer bunten, verwöhnten Welt entsteht aus den kleinen Mosaiksteinchen der historischen Anzeigen.

Der Kreis schließt sich vor dem Kurhaus; die Geschichte der Villen des Kurbezirks, an denen wir vorbeigelaufen sind, bleibt mit den Namen von Thackeray, Stevenson, Oscar Wilde oder Dostojewski, Edward Prince of Wales, Freifrau von Barnim, Heinrich Hammelmann, Ernst Ritter von Marx oder Leila von Meister, die hier gelebt, gefeiert oder gelitten haben, untrennbar verbunden.

Lennés Gesamtkunstwerk: Der Kurpark

Lennés Gesamtkunstwerk: Der Kurpark

Länge: etwa 3,5 Kilometer (inklusive Abstecher durch den Jubiläumspark etwa 4,5 Kilometer)
Strecke: Laufen durch Parks, weitgehend eben

Vom Kurhausgarten aus lassen wir zuerst den Blick wandern, über die ruhige Wiese, über den Weiher, bis zum tiefen Grün des Hardtwaldes. Als Englischer Landschaftspark verbindet und versöhnt der Kurpark das urbane Gefüge mit der Natur. Unser Blick zeichnet die erste **Blickachse** des Kurparks nach.

„Homburg und seine Umgebungen sind so reizend, pittoresk und malerisch, daß man sich mitten in einen großartigen, romantischen und unabsehbaren Park versetzt glaubt", schrieb C. Strahlheim 1838. Ein

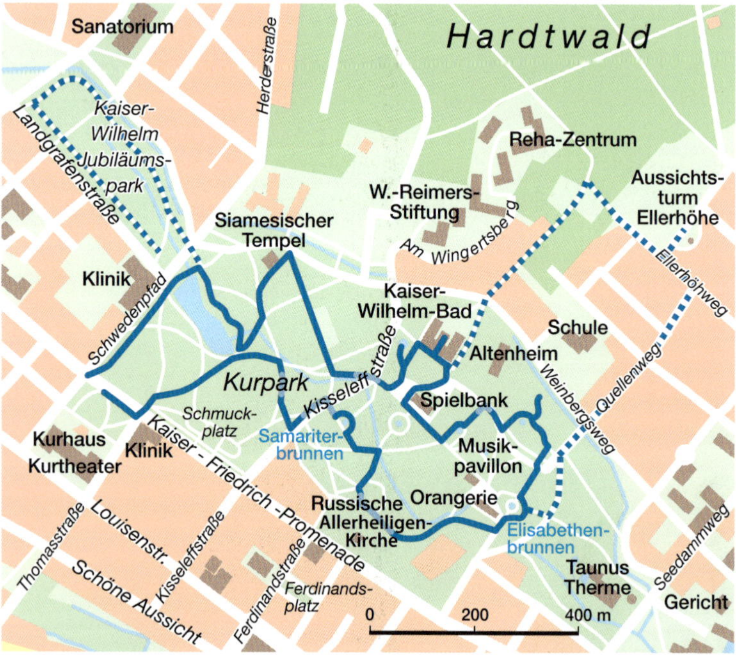

Blick vom Kurhausgarten Richtung Hardtwald

Wiesental, ein Bach, Baumgruppen – die Natur hatte dort, wo der Kurpark entstehen sollte, die erste Skizze bereitgestellt. Mit Gespür für ihre geheime Sprache hatte Lenné diese weitergeführt. Denn François Blanc hatte keinen Geringeren als Peter Joseph Lenné (1789–1866) mit der Gestaltung des Kurparks beauftragt. Zweimal, 1852 und 1853, weilte dieser in Homburg, um ein Konzept für den Park, der das Kurhaus mit dem Brunnenbezirk verbinden sollte, zu entwerfen.

Seine Planskizzen wurden von Gustav Meyer zeichnerisch übertragen; dieser beaufsichtigte ab 1854 auch die Ausführung der Parkanlage zwischen Schwedenpfad, Promenade und der heutigen Kisseleffstraße. Die Ausdehnung des Kurparks Richtung Brunnenbezirk erfolgte ab 1857, weitere Bereiche wurden schrittweise im Sinne Lennés von Ferdinand Jühlke (1815–1893) kreiert. Die Firma Siesmayer übernahm ab 1881 das Pflegewerk und gestaltete 1913/14 den Kaiser-Wilhelm-Jubiläumspark als Expansion Richtung Taunus. So entstand eine 47 ha große Parklandschaft von außergewöhn-

Bachlauf

licher Kohärenz, die bis heute größtenteils ihre ursprüngliche Struktur und auch einen beachtlichen Anteil an originalem Baumbestand bewahren konnte.

Wir betreten den Bereich, der als erster unter Lenné entstand, und erweisen dem Schöpfer des Kurparks unsere Reverenz: Die **Lenné-Büste** wurde von Otto Weber-Hartl geschaffen.

Ein von hohen Bäumen begrenztes Halbrund bildet die Kulisse für das **Hölderlin-Denkmal**, das vom Verein für Geschichte und Altertumskunde „Zur Erinnerung an des Dichters Aufenthalt/ in Homburg (1798–1800 und 1804–1806)" errichtet wurde. Von Louis Jacobi bereits 1870 entworfen, wurde das Denkmal (Medaillon: Jacob May) erst 1883 ausgeführt – es ist das zweitälteste Hölderlin-Denkmal Deutschlands.

Am **Weiher** vorbei folgen wir dem Verlauf der sanft geschwungenen Wege – der Park ist zum Verweilen da, mit jedem Schritt eröffnen sich neue Landschaftsbilder. Beim Überqueren der Kisseleffstraße sehen wir einen alpenländisch anmutenden Fachwerkbau: Die 1881 entworfene ehemalige **Molkenanstalt** hielt, was das Aussehen versprach. Die Molkenkur, bereits 1854 in Homburg eingeführt, erfreute sich einer immer größeren Popularität. Ein Senner kam jedes Jahr zur Badesaison aus Appenzell; er bereitete die Molke

In Anlehnung an das erste Clubhaus: Golfhaus-Restaurant

jeden Morgen frisch zu und bewirtschaftete auch das der Molkenanstalt angeschlossene Café. Das **Rosarium** vor dem Haus, 1886 von Heinrich Siesmayer entworfen und 1992 wiederhergestellt, bildet – wie der **Schmuckplatz** – einen geometrischen Gegenpol zum organischen Verlauf der Parkwege.

Vom **Minigolf-Platz** aus folgen wir dem Weg vorbei an der **Russischen Kirche** zum Clubhaus des **Homburger Golfclubs**. Nicht

Herbstimpressionen

ohne Stolz erinnert eine Gedenktafel daran, dass wir vor dem ältesten Golfplatz Deutschlands stehen.

Wie kam der Golfsport nach Homburg? Die reisefreudigen Briten schätzten den Kurort und strömten in den Sommermonaten hierher. Auf ihren geliebten Sport wollten sie natürlich nicht verzichten. Ein Golfplatz wurde 1891 angelegt, 1899 wurde der Homburger Golfclub gegründet, 2013 erhielt dieser von der Queen das Recht, sich Royal Homburger Golfclub 1899 zu nennen – eine Anerkennung seiner Entstehungsgeschichte. Der erste Clubpräsident, George, Duke of Cambridge, war ein Cousin der Queen Victoria; Edward Prince of Wales wurde zum Ehrenvorsitzenden erkoren. Zu ihnen gesellten sich zahlreiche andere noble und gekrönte Häupter aus Europa, Siam oder Japan. 1901 entstand das erste Clubhaus, 1991 wurde es in Anlehnung an die Originalpläne neu errichtet.

Vorbei am Old Course gelangen wir zu der ehemaligen **Orangerie/ Wandelhalle** mit ihrer von Glyzinien umrankten Fassade. 1844 erbaut, um die Orangenbäume aufzunehmen, die der Kurfürst von Hessen-Kassel als Teilzahlung zur Begleichung seiner Schulden der

Wandelhalle, Blick zum Landgrafendenkmal

Der Froschkönig

Spielbank überlassen hatte, erhielt das Gebäude erst 1909 – nach dem Umbau zur Wandelhalle durch Louis Jacobi – sein jetziges Aussehen. Mit der großzügigen Überdachung und ihrem blumengekrönten Sims wurde es zum beliebten Mittelpunkt des Kurlebens. Auf der Sonnenseite der Wandelhalle, mitten im Teich, lebt seit Jahren ungetrübt der Freund aller Kinder, der Froschkönig.

In unmittelbarer Nähe befindet sich die berühmteste Bad Homburger Quelle – der Elisabethenbrunnen. 1834 veranlasste Dr. Edu-

Elisabethenbrunnen

ard Christian Trapp die Untersuchung des Quellwassers. Mit der Veröffentlichung der Analyse von Justus Liebig fing der Erfolgsweg des jungen Badeortes an. *„Es möchte in Deutschland wohl schwer seyn, ein Mineralwasser zu finden, welches gleichen Reichtum an wirksamen Bestandteilen wie der Homburger Elisabethenbrunnen darzubieten vermöchte"*, schrieb dieser, und beflügelte damit die Hoffnungen der Homburger.

Die Quelle erfuhr mehr Umgestaltungen als jede andere – man wollte auch hier Schritt mit der Mode halten! Am Entstehen der letzten, 1918 fertiggestellten Fassung nahm Kaiser Wilhelm II. regen Anteil – man stellte mit Besorgnis fest, dass sich Seine Majestät mitten im Ersten Weltkrieg mit dem „Bau eines Brunnentempels" beschäftigte! Der Elisabethenbrunnen präsentiert sich als Ensemble auf zwei Ebenen, verbunden durch weitläufige, geschwungene Freitreppen: die von wassertragenden Karyatiden gestützte Überdachung der Quellenfassung und der Rundtempel der Göttin Hygieia.

Vom Elisabethenbrunnen aus öffnet sich der Blick in die **Brunnenallee** – die Hauptachse des Kurbezirks, die an den wichtigsten Quellen vorbeiführt. Einige der zehn Heilquellen des Kurparks waren bereits den Römern bekannt, andere wiederum wurden in der

Elisabethenbrunnen, Karyatiden

Landgrafenzeit auf der Suche nach dem „weißen Gold" zur Salzgewinnung verwendet. Seit Anfang des 19. Jahrhunderts nach und nach als heilbringende Quellen wiederentdeckt, neu gefasst oder neu entdeckt, trugen sie alle zur wachsenden Beliebtheit Homburgs als Kur- und Badeort bei.

Brunnenallee

Die gerade, 1835 angelegte, ursprünglich von Säulenpappeln gesäumte Allee wurde schnell zum beliebten Bildmotiv – Alben und Souvenir-Blätter schaffen eine spannende Zeitchronik. Ein historischer Pflasterstreifen blieb wie durch ein Wunder unter einer Asphaltdecke erhalten und ist heute wieder begehbar. Wenn wir unseren Blick der Brunnenallee folgen lassen,

Wilhelm Lang nach Adolph Wegelin: Der Elisabethenbrunnen, 1846

Natur und Geometrie

dann zeichnen wir die zweite Blickachse des Lennéschen Parks nach, die senkrecht zur ersten verläuft und deren Schlusspunkt das goldene Dach der Thai-Sala im Park bildet.

Am östlichen Ende der Allee setzt das zehn Meter hohe **Landgrafen-Denkmal** einen vertikalen Akzent. Von Kaiser Wilhelm II. „dem edlen Landgrafenhaus Hessen-Homburg“ gewidmet, wurde

Duft- und Tastgarten

das Denkmal 1906 in seiner Präsenz enthüllt. Der Bildhauer Fritz Gerth wählte roten Granit für den Obelisken – ein komplementärer Farbkontrast zu den Bildnissen Ferdinands und Friedrichs II.

Wir steigen die drei Stufen zum Tempel hinauf, um Hygieia aus der Nähe zu sehen. Eingerahmt von den kannelierten ionischen Säulen des Tempels eröffnen sich neue Park-Bilder. An der Ruhewiese mit ihrer ausladenden Magnolienpracht vorbei führt unser Weg weiter zum 1983 angelegten **Duft- und Tastgarten**, dessen Hochbeete verschiedenen Pflanzengruppen gewidmet sind: Küchen- und Heilkräuter sind ebenso zu finden wie Rosen oder Farne. In Braille-Schrift verfasste Inschriften ermöglichen den Sehbehinderten, Näheres über die Pflanzen zu erfahren, ein munter plätschernder Springbrunnen dient als akustischer „Ankerpunkt“.

Einweihung der Chulalongkorn-Quelle, 1907

Über eine fernöstlich anmutende Brücke laufend erreichen wir ein unerwartetes, exotisches Bauwerk: die **Thai-Sala an der Quelle**, ein thailändischer Meditationspavillon. Er markiert seit 2007 eine hundert Jahre davor entdeckte Quelle, die den Namen des Siamesischen Königs Chulalongkorn (1851 – 1910) trägt. 1907 weilte er in Homburg zur Kur und wurde gebeten, die Quelle feierlich einzuweihen.

Nach seinem von Genesung gekrönten Kuraufenthalt ließ König Chulalongkorn – als Zeichen der Verbundenheit mit Homburg – in Siam eine Thai-Sala fertigen, die in Einzelteile zerlegt den Seeweg nach Deutschland antrat. Bei der Ankunft 1910 waren allerdings zwei Drittel der vergoldeten Dachziegel zu Bruch gegangen, und es dauerte weitere vier Jahre, bis der Pavillon eingeweiht werden konnte. Das kostbare fernöstliche Bauwerk wurde nicht, wie vom König gewünscht, an der Quelle aufgestellt, sondern an exponierter Stelle, in der Blickachse, die von der Brunnenallee in den Taunus führt. Der Freundschaft tat das keinen Abbruch, im Laufe der Zeit fanden immer wieder Mitglieder des thailändischen Königshauses den Weg nach Homburg. 2007, in Erinnerung an Chulalongkorns Aufenthalt in Bad Homburg 1907, schenkten König Bhumibol und Königin Sirikit der Stadt die zweite Thai-Sala, mit der Bitte, diese an der Quelle zu errichten. Der Kurpark ist mit der Thai-Sala an der Quelle um einen exotischen Akzent reicher geworden.

Auguste-Viktoria-Brunnen

Zurück zu den geschwungenen Pfaden laufen wir jetzt in Richtung der Brunnenallee. Wir machen noch einen Abstecher in das üppige, farbenprächtige Reich der Rhododendren, sollte gerade Blütezeit sein. Vor uns erhebt sich, umgeben von tiefem Grün, ein Rundtempel mit roten Sandsteinsäulen und grünschimmernder Überdachung. Der 1911 gebaute **Auguste-Viktoria-Brunnen**, den Kaiser Wilhelm II „die Gnade hatte" eigenhändig zu skizzieren, ist seiner Gattin gewidmet – „Heiligtum der Auguste Viktoria, der gütigsten Mutter des Vaterlandes".

Das klassizistische Gebäude zu unserer Rechten, das **Brunnensälchen**, 1838 nach den Plänen von Georg Moller von Jacob Westerfeld als Gesellschaftshaus ausgeführt, ist der historische Ort, wo in Homburg erstmalig die (Roulette)Kugel rollen durfte – am 23. Mai 1841, dem Tag der Grundsteinlegung des Kurhauses. Hier wurde bis zu dessen Fertigstellung 1843 gespielt, getanzt und gespeist. Nach dem Zweiten Weltkrieg knüpfte das Brunnensälchen wieder an diese Interimsrolle an – in der heute **François Blanc** genannten **Spielbank** rollt seit 1949 wieder die Kugel!

Fototermin 1912

Ungebrochene Faszination

Wenn die Brunnenallee zur Festmeile wird

Als „goldenes Zeitalter“ werden die drei Jahrzehnte der „Spielbankzeit“ (1841–1872) oft betrachtet. Die Stadt wurde zu einem anerkannten „Spielbad“, Ladengeschäfte, Handwerksbetriebe, Gaststätten und Pensionen florierten, das Kurwesen wurde gefördert, die Bahnverbindung nach Frankfurt hatte 1860 das Tor zur „großen Welt“ geöffnet. 155 Kurgäste waren es 1834 gewesen, 21.000 1872! Die Spielbankgesellschaft füllte mit ihren Zahlungen an Jahrespacht und Steuern die öffentlichen Kassen und erwies sich darüber hinaus immer bereit, öffentliche und gemeinnützige Anstalten zu unterstützen. Als am 31. Dezember 1872 infolge des preußischen Glücksspielverbots das „Rien ne va plus“ zum letzten Mal erklang, hatte sich Homburg in jeder Hinsicht verwandelt. Die Schließung der Spielbank war ein herber Schlag, die Stadt musste sich neu definieren und ihr Potenzial als Kur- und Badeort ausbauen. Die Präsenz der Kaiserfamilie, die Homburg zur gern aufgesuchten Sommerresidenz erkor, brachte neuen Glanz. Die „Kaiserzeit“ begann, das „Weltbad“ zog erneut die illustre Gesellschaft und das ersehnte internationale Publikum an.

Am Brunnensälchen erinnert eine von Ortrud Krüger-Stohlmann gestaltete Gedenktafel an den Gründer der Spielbank, **François Blanc** (1806–1877). 1863 übernahm er auch das Casino in Monte Carlo und baute es – dank der Homburger Erfahrungen – erfolgreich aus. Oft wird daher die Bad Homburger Spielbank als „Mutter von Monte Carlo" bezeichnet.

François Blanc

Marie Blanc

Marie Blanc (1833–1881), aus einfachen Verhältnissen stammend, kam als Dienstmädchen in Blancs Haushalt. Es klingt wie ein Märchen: Er schickte sie nach Paris ins Internat, heiratete sie 1854 und machte sie zur Geschäftspartnerin. Auch wenn sie sich danach in ganz anderen Kreisen bewegte, hatte sie immer ein offenes Ohr für Bedürftige aus ihrer ehemaligen Umgebung und unterstützte großzügig karitative Einrichtungen. Grund genug, auch ihr ein Denkmal zu widmen; es ist ein Werk des Bildhauers Otto Weber-Hartl.

Der bereits den Römern bekannte, 1841 neu erbohrte **Kaiserbrunnen** vor dem Brunnensälchen erhielt eine begeisterte Beurteilung durch Justus Liebig. Kein Wunder also, dass auch Edward Prince of Wales hier sein Wässerchen trank!

Edward Prince of Wales bei der Trinkkur am Kaiserbrunnen, um 1900

Majestätisch beherrscht das 1887–1890 errichtete, von Louis Jacobi geplante **Kaiser-Wilhelms-Bad** die Raumfolge seitlich der Brunnenallee. Die Dreiflügelanlage erinnert unübersehbar an Schlossbauten, das neue Badehaus sollte, als Badetempel, dem „verfeinerten Bedürfnis der besten Gesellschaft" dienen. Hinter der Fassade, die sich der Sprache der Hochrenaissance bedient, befand sich ein hochmoderner Bau, ausgestattet mit allen technischen Raffinessen der damaligen Zeit. Wir laufen unter dem Portikus hindurch, zwinkern den Delfinen zu, die sich zwischen den Akanthusblättern verstecken, und betreten das Vestibül: Das Raumgefühl unter der Kuppel ist beeindruckend. Hier ist noch alles unverändert, doch das weitere Innenleben des Badehauses hat sich den Zeiten angepasst. Wo einst Mineralwasser- oder Moorbäder verabreicht wurden, befindet sich heute das **Kur-Royal Day-Spa**. Für diejenigen, die bezaubert vom Ambiente hier standesamtlich heiraten wollen, bietet die einstige Bibliothek den passenden Rahmen.

Vor dem Badehaus beobachtet Kaiser Wilhelm I. in seinem Hermelinmantel die Gäste. Die feierliche Enthüllung des Denkmals

Kaiser-Wilhelms-Bad

(Bildhauer: Fritz Gerth) fand am 9. September 1905 im Beisein der Kaiserfamilie statt. Jährlich, anlässlich des „Bad Homburger Sommers“, ist der Kaiser von Musikbegeisterten umgeben – weiß gekleidet für die „Klassiknacht in Weiß“ oder nach Herzenslust bunt für das Abschlusskonzert.

Der Bad Homburger Sommer bietet jährlich, unter dem Motto „Live, im Freien, kostenlos“, eine bunte Palette an kostenlosen Veranstaltungen für Jung und Alt.

Rechts der Brunnenallee versteckt sich ein romantisch gelegener Brunnen – der **Ludwigsbrunnen**. Er lässt den aufmerksamen Betrachter entdecken, dass seine Umgebung einst als Grotte inmitten „wilder“ Vegetation gestaltet war.

Wir überqueren die Kisseleffstraße und laufen entlang der Tennisplätze in Richtung der **Thai-Sala** im Park. Die Anlage des Tennisplatzes wurde zum ersten **Tennis-Court** auf dem europäischen Kontinent – das geschah 1876. Der einstige Treffpunkt der deut-

Ludwigsbrunnen, 1871

schen Tennis-Elite ist heute Austragungsort renommierter Meisterschaften. Bad Homburg Open – ein Sport-Event der Extraklasse und das erste WTA-Tennisturnier auf Rasen in Hessen, für 2020 geplant, konnte wegen Corona erst im Sommer 2021 ausgetragen werden. Von den Spielen, die die sportbegeisterten Briten nach Homburg mitgebracht hatten, ist nur Croquet verschwunden – vielleicht findet sich ein Nostalgiker, um es wieder einzuführen?

Anlage des Tennis-Clubs

Masayuki Koorida, Twist, Blickachsen 9 (im Hintergrund Thai-Sala im Park)

Die weite Wiese zu unserer Linken wird seit 1997 alle zwei Jahre von „Sommergästen“ der besonderen Art besucht: Die **Blickachsen-Ausstellung** stellt hochkarätige Kunstwerke in Dialog mit den Lenéschen Blickachsen. Die Skulpturen erobern den Kurpark und verleihen ihm eine neue Dimension. Die Wiese vor der Thai-Sala wird so zum Begegnungsort zwischen Tradition und Moderne. Der Park ist ein lebendiges Denkmal – auch Musik, Tanz und traditionelles

Jahr für Jahr begeisternd: „Amazing Thailand“

Schwanenteich

Handwerk finden hier jährlich während des „Amazing Thailand"-Festivals vor der Thai-Sala im Park ihre Bühne.

Die Pfade führen uns zum **Schwanenteich**, dessen Uferbereich kürzlich in Einklang mit dem Kurparkpflegewerk wiederhergestellt wurde. Von hier aus können wir die Blickachse in Richtung Kurhaus nachzeichnen. Wir umrunden den Weiher, werfen einen Blick zu den Villen am Schwedenpfad mit ihren schmiedeeisernen Balkonen und kehren zur Kaiser-Friedrich-Promenade zurück.

Abstecher: Diejenigen, die auch den Kaiser-Wilhelm-Jubiläumspark kennenlernen wollen, den die Bad Homburger ihrem Kaiser zum 25. Jahrestag der Thronbesteigung 1913 widmeten, überqueren den Schwedenpfad in der Höhe des Durstbrunnens (Hans Dammann, 1910) und lassen sich von der Freiheit der Grünfläche inspirieren. Wundern Sie sich nicht, dass der Park einmal im Jahr den überglücklichen Abiturienten gehört, wenn gerade die Prüfungen vorbei sind. Zurück geht es entlang der Landgrafenstraße.

Für Liebhaber der Rundblicke: Vom Elisabethenbrunnen folgt man dem Quellenweg, biegt dann links in den Ellerhöhweg und gleich rechts (Am Baumgarten) wieder ab – dort entdeckt man den Aus-

Schwedenpfad 24

sichtsturm Ellerhöhe. Zurück geht es über den Ellerhöhweg und den Wingertsbergweg - eine willkommene Gelegenheit, das Kaiser-Wilhelms-Bad aus einer anderen Perspektive zu erleben, von seiner „technischen" und durchaus interessanten Seite her (Länge des Abstechers: etwa 1,5 Kilometer).

Kaiser-Wilhelms-Bad

7 Natur trifft Kultur: Rund ums Gotische Haus – Landgräfliche Gartenlandschaft Teil II

Natur trifft Kultur: Rund ums Gotische Haus – Landgräfliche Gartenlandschaft Teil II

Länge: etwa 1,5 Kilometer (inklusive Rückweg zu Fuß etwa 3 Kilometer)
Strecke: Natur, wechselnde Wegbeläge, Waldboden, weitgehend eben

Zwei Generationen der landgräflichen Familie von Hessen-Homburg haben ab 1770 an dem visionären Projekt gearbeitet, das wir heute unter dem Namen „Landgräfliche Gartenlandschaft" kennen. Wenn wir unseren Spaziergang am **Gotischen Haus** starten, dann befinden wir uns auf der Achse, entlang der sich das einzigartige Gartenreich entfaltet hat.

Die Landgrafenfamilie unternahm gerne mit Gästen Ausflüge in die Natur. Wir sind ihren Spuren gefolgt und erreichen am Ende der Tannenwaldallee den als Waldpark gestalteten **Großen Tannenwald**, der sich bis zum Limes erstreckt.

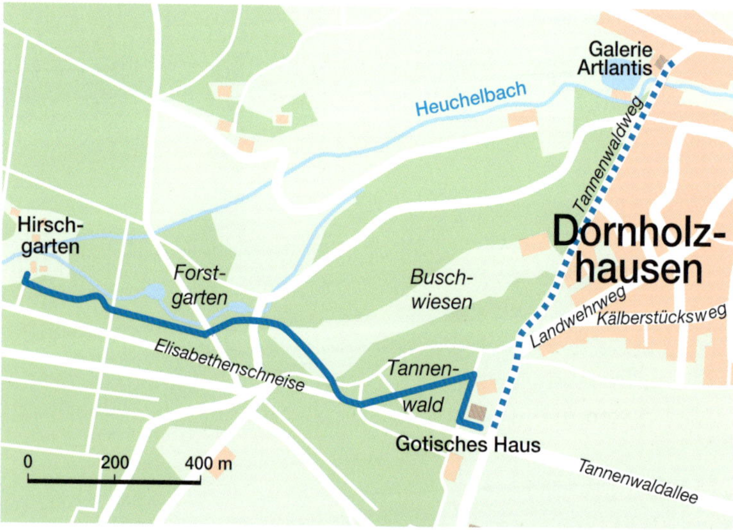

Landgraf Friedrich V Ludwig

Landgräfin Caroline

Das Gotische Haus steht an der magischen Grenze zum geheimnisvollen Reich der behutsam gestalteten Natur, die viel von ihrer Freiheit bewahren konnte. Eine Gedenktafel, entworfen von Christiane von Kessel-Merck, lässt uns an den Empfindungen Johann Heinrich Mercks teilhaben, der hier mit Goethe im April 1772 zu Gast war. *„Man hat uns in einer Hof-Karosse in ein vom Landgrafen angelegtes Wäldchen gefahren, in dem wir ein Märchenland vorfanden. Man kann sich gar nicht vorstellen, wie malerisch schön alles geplant worden ist… Ich habe die Einbildungskraft des Landgrafen in all dem mehr bewundert, als ich es ausdrücken könnte…"*

Der **Große Tannenwald**, ab 1771 unter Friedrich V. Ludwig und Caroline angelegt, ist in unterschiedlich gestaltete Einzelsegmente gegliedert: Der Lustwald **Die Große Tanne**, die **Buschwiesen** mit dem Forellenteich und dem Neuen Teich, der **Forstgarten**, der **Hirschgarten** und der heute **Elisabethenschneise** genannte Landschaftspark.

Die Elisabethenschneise, die den Großen Tannenwald durchzieht, wurde unter Friedrich VI. Joseph und Elizabeth ab 1821 angelegt, das Gotische Haus ab 1823 errichtet. Das Lust- und Jagdschloss am Waldrand entstand als „point de vue“ am Ende der Tannenwaldallee. Der Bau, der in der Tradition der Tudorgotik steht, verrät in vielerlei Hinsicht den Einfluss der „englischen Landgräfin“. Ihre Begeisterung für die Formensprache der Gotik hatte sich bereits in den Wiederaufbauten gezeigt, die sie und Friedrich VI. Joseph in Homburg begleiteten. Die Sichtbezüge zwischen dem Weißen Turm und dem Gotischen Haus lassen erkennen, dass Lage und Formensprache des Lustschlosses Teil eines Gesamtkonzepts sind.

Das Gotische Haus

Blick vom Gotischen Haus zum Weißen Turm

Wie die Brunnenallee oder die Inselkolonnade des Kleinen Tannenwaldes gehörte auch das Gotische Haus zu den beliebten Motiven der zahlreichen Souvenir-Blätter, die den Kurgästen als bleibende Homburg-Erinnerung dienten.

Eine der wichtigsten Kulturinstitutionen Bad Homburgs – das **Museum im Gotischen Haus** als Teil des 1916 gegründeten Städtischen historischen Museums – ist seit 1985 hier untergebracht. Im **Skulpturengarten**, der um das Gebäude nach und nach Form annimmt, stehen bereits repräsentative Werke international renommierter Bildhauer: Hans Steinbrenners „Figur“, Hartmut Stielows „Ohne Titel“, Bruce Beasleys „Spokesman II“ und Kenny Hunters „Red Boy“.

Das Museum im Gotischen Haus dokumentiert mit seinen Sammlungen die Geschichte der Stadt und der Landgrafschaft Hessen-Homburg von der Frühgeschichte bis heute. Als Sonderbereiche kommen das Münzkabinett sowie die Sammlung, die unter dem Namen „Hutmuseum“ die Kulturgeschichte der Kopfbedeckungen präsentiert, hinzu. Exponate, die den Aufstieg Homburgs vom klei-

Skulpturengarten: Hartmut Stielow, Ohne Titel

Kenny Hunter, Red Boy

Erard-Harfe

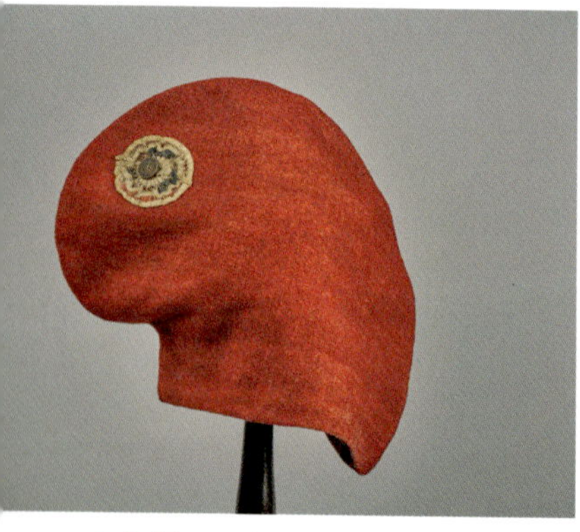

Jakobinermütze

nen Landgrafenstädtchen zum weltberühmten Kurbad veranschaulichen, sind ebenfalls Teil der facettenreichen Sammlung des Museums – eine passende Ergänzung zu den Rundgängen dieses Bandes.

In zahlreichen Sonderausstellungen wurden im Gotischen Haus abwechselnd Schätze der Museumssammlung im neuen Kontext präsentiert oder bildende Künstler eindrucksvoll porträtiert. 2020, nach Schließung der Sonderausstellung „Hölderlin – ein geprägtes Bild“, wurden die Tore des Museums Gotisches Haus geschlossen. Das historische Gebäude wird komplett ausgeräumt und bis 2023 saniert. Die Sammlung zieht ins **Schaudepot** ins **Horex Museum** (Horexstr. 6), wo sie bis dahin zu sehen sein wird. Das Gotische Haus bleibt während der anstehenden Sanierung bis auf Weiteres geschlossen.

Der Umbau des Hauses und eine neue Innengliederung werden es erlauben, die bedeutende Sammlung des Museums im Stil heutiger Museumspräsentationen und aktueller didaktischer Möglichkeiten zu präsentieren. Bei den Baumaßnahmen

Unbekannt, nach Heinrich Anton Dähling: König Wilhelm III. im Kreise seiner Familie im Schlossgarten Charlottenburg

soll auch der ursprüngliche architektonische Charakter des Gotischen Hauses wieder herausgearbeitet werden – wir dürfen gespannt sein!

GOTISCHES HAUS MUSEUMSVERWALTUNG
Tannenwaldallee 50 · 61348 Bad Homburg v. d. Höhe
Tel.: 06172/100-4133

HOREX MUSEUM – SCHAUDEPOT
Horexstraße 6 · 61352 Bad Homburg v. d. Höhe
Tel.: 06172/1013167
www.bad-homburg.de/kultur/museen/Horex_Museum.php

Das Gotische Haus befindet sich im Bereich des Lustwaldes **Die Große Tanne**. Die Wegführung wird nach historischem Vorbild behutsam wiederhergestellt, und auch die Teiche, die einst von der Landgrafenfamilie gerne angesteuert wurden, sollen saniert werden. Links vor dem Gotischen Haus führt ein neu angelegter Waldweg zum **Pferdegrab**. Die Inschrift, die Friedrich V. Ludwig für sein

Rond Point mit Landgrafensäule

Pferd Madjar anbringen ließ, stimmt nachdenklich: *„Hier liegt das schönste Pferd begraben, das alle Tugenden vereint. Könnt man mit Thieren Freundschaft haben, so läge hier mein Freund"*. Wir folgen dem Weg zu einem Rondell, wo eine Nachbildung der **Landgrafensäule** steht, deren Original sich vor dem Schloss befindet. Sie wurde dem Landgrafen „Bey Antritt seines 69ten Lebens und 51ten Regierungs Jahres" 1816 von seinen Untertanen gewidmet.

Wir halten uns halb links und erreichen bald die schnurgerade verlaufende Elisabethenschneise, die zunächst als Waldweg Richtung Taunus führt. Bald darauf treffen wir den asphaltierten Weg und zur Rechten eröffnet sich die weite, helle Grasfläche der Buschwiesen. Bewusst als Kontrastprogramm zu dem Waldpark gestaltet, entfalten bis heute die **Buschwiesen** ihre Anziehungskraft – sie sind ein gerne besuchter Picknick-Ort. Dass hierfür Verhaltensregeln aufgestellt sind, darf nicht wundern – sie dienen dem Schutz der seltenen Pflanzen- und Tierarten, die sich in diesem naturnahen Areal weitgehend ungestört entwickelt haben.

Die Buschwiesen

Teehäuschen im Forstgarten

Im Hirschgarten

Im angrenzenden **Forstgarten**, der sich mitten im Wiederherstellungsprozess befindet, wurden in den 20er Jahren des 19. Jahrhunderts seltene exotische Pflanzen kultiviert und akklimatisiert. Der Bereich diente als Experimentierfeld, doch bei Weitem nicht nur für Exoten: 40 verschiedene Baumarten, die am Anfang des Wiederherstellungsprojekts erfasst werden konnten, zeugen von der Bandbreite der Interessen der Landgrafenfamilie. Dass sie gerne hier weilten und das Nützliche mit dem Angenehmen zu verbinden vermochten, davon zeugt das kürzlich wiederhergestellte **Teehäuschen** am Ufer des Teichs, damals wie heute ein unwiderstehlich romantischer Anblick!

Der Weg führt uns weiter, alles spielt sich auf der rechten Seite der Elisabethenschneise ab. Bald ist der **Hirschgarten** erreicht. Dieser hatte 1822, zum Zeitpunkt seines Entstehens, die fünffache Ausdehnung – das Areal wurde als Jagdgelände angelegt. Die Gestaltung entsprach der damaligen Nutzung und blieb – trotz der heute wesentlich kleineren Fläche – weitgehend erhalten. Bereits 1840 wurde der Garten von den Brüdern Blanc gepachtet – sie hatten sein Potential als Ausflugsziel erkannt und verwandelten das Jagdrevier erfolgreich in einen Wildpark und das ehemalige „Pürschhäuschen“ in eine Gastwirtschaft. Damit wurden die Spazierwege für die Kurgäste immer länger und abwechslungsreicher! Nehmen Sie sich die

Zeit, dem Bachlauf zu folgen, Licht- und Schattenspiel zu genießen oder darauf zu warten, dass das Wild erscheint – das Warten wird belohnt! Für Freunde des Minigolfspiels ist alles vorhanden, ebenso für diejenigen, die einkehren möchten. Wer jetzt müde ist, findet eine Bushaltestelle vor dem Tor.

Ein kleiner Abstecher sei noch empfohlen: Zur **Galerie Artlantis**, in einer architektonisch sehr interessanten ehemaligen Kartonagenfabrik am Tannenwaldweg 6. Die Ausstellungshalle des gleichnamigen Kunstvereins ist nicht nur für ihre Ausstellungen, sondern auch für ihre Freitags-Eröffnungfeste mit Jazz, Soul oder Latin berühmt. Vielleicht haben Sie die Gelegenheit, vorbeizuschauen!

GALERIE ARTLANTIS
Tannenwaldweg 6 · 61350 Bad Homburg v. d. Höhe
Tel.: 06172/37327 · www.galerie-artlantis.de
Öffnungszeiten (nur während der Ausstellungen):
Fr. 15 – 18 Uhr, Sa. – So. 11 – 18 Uhr

Ehemalige Kartonagen-Fabrik, heute Wohnhaus und Sitz der Galerie Artlantis

8 Industriekultur und legendäre Motorräder: Rund um den Bahnhof

Industriekultur und legendäre Motorräder: Rund um den Bahnhof

Länge: etwa 1,5 Kilometer (inklusive Abstecher durch das Gewerbegebiet etwa 3 Kilometer)
Strecke: Laufen durchs Stadtgebiet, weitgehend eben, Treppenstufen

Wir beginnen unseren Rundgang am Rathausplatz. Von hier aus ist die Struktur der **Alfred-Herrhausen-Brücke,** die den Hessenring überspannt, bereits zu sehen – wir steigen die breiten Stufen empor und befinden uns in wenigen Augenblicken oberhalb des regen Verkehrs. Aus sicherer Distanz können wir einen Rundumblick genießen: Vor uns liegt der Bahnhof, hinter uns zeichnet sich die Kuppel der **Russischen Kirche** auf dem Hintergrund des Kurparks ab, links folgt der grüne Mittelstreifen dem Straßenverlauf, rechts setzt eine Villa im Stil des Historismus einen farbigen Akzent.

Bevor wir den Weg nach unten einschlagen, werfen wir noch einen Blick nach links auf das 1953 nach einem Entwurf von Wal-

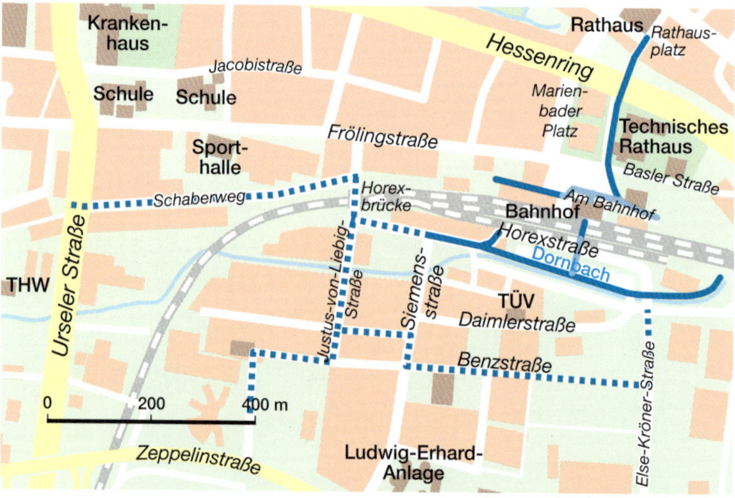

Rathausplatz, Blick zum Turm der Russischen Kirche

ter Freiwald für die Bundesschuldenverwaltung errichtete Bürogebäude. Das mit einem eleganten Flachdach versehene Gebäude, dessen innere Struktur anhand der Rastergliederung der Fassade deutlich ablesbar ist, wird als beispielhaft für die Formensprache der frühen 50er Jahre betrachtet. Ein Besuch ist auf alle Fälle empfehlenswert – allein der so „typisch 50er", leichten, geschwungenen Treppe wegen!

Alfred-Herrhausen-Brücke

Entlang des grünen Streifens, der das breite Fußgängerareal begleitet, sind die Werke der **Skulpturenallee** aufgestellt. Sie verbindet als „Kultur-Achse" den Bahnhof mit dem Rathaus. Mit zwei Ausnahmen waren die Werke Teil der Blick-

Bahnhofstraße

achsen-Ausstellungen unterschiedlicher Jahrgänge. Die Allee wurde zum Ort der Begegnung international anerkannter Vertreter der zeitgenössischen Bildhauerszene.

Hanneke Beaumont, Melancholia

Erwin Wortelkamps „Für Lenné" gestaltet sich als Dialog zwischen Mensch und Natur, Hanneke Beaumont thematisiert in ihrer Komposition mit dem Titel „Melancholia I" den bildhauerischen Schaffensprozess: Die vollendete schwarze Bronzefigur betrachtet in einem Moment des kontemplativen Innehaltens ihr eigenes Abbild mit seiner rohen, unbehandelten Oberfläche. Caspar Bergers „David/Self Portrait no. 11" verbindet den als „Kulisse" umgemünzten Kopf des David von

Michelangelo mit seinem Selbstporträt. Sean Henrys „Walking Woman“ schreitet entschlossenen Schrittes den Ankommenden voran in Richtung Innenstadt.

Vor uns erhebt sich, mit seinem markanten Uhrturm, der 1907 fertiggestellte **Neue Bahnhof**. Wenn man sich die damalige Ausdehnung der Stadt ansieht, kann man nachvollziehen, dass die Entscheidung, den Bahnhof zu verlegen, eine richtungsweisende war – der Bau entstand in der Nähe des damals erst kürzlich ausgewiesenen Industriegebiets („Baugelände für Fabriken“).

Der stolze, repräsentative, unverkennbar wilhelminisch geprägte Bau sollte als Durchgangsbahnhof die zwei Homburger Kopfbahnhöfe ersetzen, deren Linien zusammenfassen und eine fließende Verbindung zum Europäischen Verkehrsnetz schaffen. „Giessen, Cassel, Berlin“ – im Pharus-Plan sind die wichtigen Orte vermerkt, mit denen Homburg v. d. H. zukünftig verbunden werden sollte.

Empfangsgebäude, Fürstenbahnhof, Wasserturm und Betriebsgebäude, als Ensemble geplant, werden heute, nach der Sanierung des gesamten Areals wieder als solches wahrgenommen. Das von Armin Wegner entworfene Empfangsgebäude des Homburger Bahnhofs vermittelt mit seinem unregelmäßigen Grundriss das Gefühl einer gewachsenen Struktur.

Sean Henry, Walking Woman

Großzügig fällt das Tageslicht in die **Bahnhofshalle** durch buntverglaste Rundbogenfenster. Städtewappen und Sandstein-Reliefs warten darauf, entdeckt zu werden. „Wider das Vergessen“ erinnert eine Gedenktafel (Entwurf: Ruxand-

Als die Bahn noch Flügel hatte …

ra-Maria Jotzu) an das Schicksal der Homburger Bürgerinnen und Bürger, die von hier aus deportiert wurden.

Der ehemalige Wasserturm

Der Homburger Bahnhof wurde zum **Kulturbahnhof** und erhebt seine Stimme im Konzert der Bad Homburger Kulturinstitutionen – unter seinem Dach verbirgt sich der **Speicher**, ein Veranstaltungsort für außergewöhnliche Musikerlebnisse. Ob Jazz, Weltmusik, Chanson, Folk oder Pop, die Konzerte in dem ungewöhnlichen Ambiente sind stets gut besucht.

Der ehemalige **Wasserturm** – eine Notwendigkeit zur Zeit der Dampflokomotiven – erscheint, links des Bahnhofs, in der mit-

Trägt ihre Bürde mit einem Lächeln: Nixe am Wasserturm

telalterlich geprägten Gestalt eines Wehrturms. Das Bruchsteinmauerwerk im unteren Segment steht im Dialog mit den verputzten Flächen der oberen Geschosse und entfaltet eine farblich nuancierte Palette. Es ist leicht nachzuvollziehen, dass der Bau – als er ohne Funktion zur Disposition stand – Liebhaber gefunden hat, die ihn zum Wohnsitz umgebaut haben. In der Nachbarschaft des Wasserturms verstärkt die Präsenz des **Betriebsgebäudes** im Landhausstil das Gefühl, dass das gesamte Areal als nostalgischer Gegenpol zur Technik gestaltet wurde.

Ehemaliger Fürstenbahnhof

Rechts vom Bahnhof, in der symbolisch gebührenden Distanz, steht das Gebäude des

Mit ernster Miene: Arminius

ehemaligen **Fürstenbahnhofs**. Das Empfangsgebäude für die Kaiserfamilie, die Homburg als Sommerresidenz erkoren hatte, ermöglichte – über eine monumentale Treppe – den ungestörten, direkten Zugang vom kaiserlichen Salon zu den Gleisen. Die Architektursprache des Fürstenbahnhofs vereint, dem Wunsch Kaiser Wilhelms II. entsprechend, verschiedene „Zitate". Monumentale, vom Bildhauer Bäumler im roten Sandstein erschaffene Sagengestalten flankieren das Eingangsportal – Arminius und Thusnelda, die Helden der Germanen. Und heute? **Gambi**, das Gambrinus-Lokal, ist ein beliebter Treff-

Diesseits und jenseits der Gleise

Das Horex-Museum als Schaudepot

punkt der Bad Homburger Jugendlichen – was würde Seine Kaiserliche Hoheit wohl dazu sagen?

Wir verlassen den Vorplatz, durchqueren den Bahnhof und gelangen durch die Unterführung in das Gewerbegebiet südlich des Bahnhofs. Hier hat sich in den letzten Jahren viel im städtischen Gefüge bewegt. Wir laufen, am renaturierten Dornbach entlang, nach links und erreichen nach wenigen Minuten den denkmalgeschützten **ehemaligen Lokschuppen**. Nur noch wenige Bauten dieser Art sind deutschlandweit erhalten; das Gebäude mit dem interessanten, halbkreisförmigen Grundriss ist, wie viele andere im Umkreis des Bahnhofs stehenden Gebäude, Teil der Route der Industriekultur Rhein-Main.

Der Weg zurück, erneut am Bach entlang, bietet interessante Perspektiven: die Architektursprache diesseits und jenseits der Gleise könnte nicht unterschiedlicher sein. Dort Historismus, hier die Formen- und Materialvielfalt der zeitgenössischen Architektur. Bald haben wir das **Horex-Museum** erreicht. Wer hat nicht von den legendären Horex-Motorrädern gehört? Wie viele wissen aber, dass die Marke eng mit Bad Homburgs Industriegeschichte verbunden ist?

Im 2012 eröffneten Horex-Museum, Teil des Städtischen historischen Museums, wurde bislang die Industriegeschichte Bad Homburgs präsentiert. Unterschiedliche Ausstellungsformate befassten sich mit der Entstehung und den Besonderheiten der Horex Motorräder oder lieferten Impulse unter dem Titel „Inspiration Technik". 2020 hat das Horex-Museum vorerst seine Türen geschlossen – um sie 2021 als Schaudepot des Städtischen historischen Museums wieder zu öffnen. Grund ist die notwendige Sanierung des **Gotischen Hauses**. Zehntausende von Objekten des städtischen Museums müssen dafür aus- und zwischengelagert werden.

Im Schaudepot bleibt die Sammlung für Interessierte weiterhin zugänglich – eine außergewöhnliche Gelegenheit, sich ein Bild von deren bemerkenswerter Bandbreite zu machen. Angestrebt wird, das Horex Museum von 2023 an wieder dem Themenbereich Technik, Industrie und Gewerbe in Bad Homburg und natürlich der Horex-Geschichte zu widmen.

Horex-Museum · Horexstraße 6 · 61352 Bad Homburg v. d. Höhe
Tel.: 06172/1013167
www.bad-homburg.de/kultur/museen/Horex_Museum.php

Eins der legendären Horex-Motorräder

Der ehemalige Güterbahnhof

In Sichtweite des Museums taucht ein Gebäude auf, das – im Landhausstil errichtet – an die Formensprache der Bauten rund um den Bahnhof erinnert. Es ist der **ehemalige Güterbahnhof**, der sich mit seinem Basaltsockel, dem in Buntsandstein gefassten Erdgeschoss und seinem haubenüberdachten Erker dem angrenzenden Gewerbegebiet als ungewöhnliche Erscheinung präsentiert. An den von Materialvielfalt geprägten Bau grenzt die ehemalige Lagerhalle mit offenem Dachstuhl. Kürzlich mit viel Einfühlungsvermögen saniert, wird sie als Raum für Veranstaltungen genutzt. Unser Rundgang endet hier; der Bahnhof ist nur wenige Schritte entfernt.

Wenn Sie an der Industriegeschichte interessiert sind, lohnt sich ein Abstecher, der die Gebäude berücksichtigt, die als Teil der Route der Industriekultur Rhein-Main eng mit Bad Homburgs Gegenwart und Vergangenheit verbunden sind

Wir folgen dem Verlauf der Horexstraße und biegen links in die Justus-von-Liebig-Straße ein. Bridgestone, Atis Systems oder Dana Brevini (ehemals P.I.V. Drive) sind in wenigen Minuten von hier zu erreichen. Unweit davon sind weitere renommierte Unternehmen wie Lilly Deutschland oder Fresenius Medical Care und Fresenius

Kabi angesiedelt – weitere Informationen sind im Faltplan der Route der Industriekultur Rhein-Main enthalten. Einige Straßen weiter sind Fresenius und IXETIC angesiedelt – weitere Informationen sind im Faltplan der Route der Industriekultur Rhein-Main enthalten.

Werner Reimers (1888 - 1965), der Unternehmer, dessen Namen untrennbar mit der P.I.V. verbunden ist, verwirklichte 1963 mit der Gründung der Werner Reimers Stiftung, einer Einrichtung „zur Förderung der Wissenschaften vom Menschen", eine Idee, die ihn lange begleitet hatte. 2006 wurde, in Kooperation mit der Frankfurter Johann Wolfgang Goethe-Universität, das „Forschungskolleg Humanwissenschaften" gegründet. Auf dem Gelände der Stiftung, Am Wingertsberg 4, Bad Homburg, entstand 2007/08 das Kolleggebäude.
www.reimers-stiftung.de

Für diejenigen, deren Herz für Wohnsiedlungen der 20er Jahre schlägt, empfiehlt sich, am Schaberweg entlang, ein Abstecher (etwa 1 Kilometer) in Richtung der Wohnsiedlung **Weber-Stiftung**, Urseler Straße 37 – 57.

Wohnsiedlung „Weber-Stiftung"

Mercedes Rennwagen, Anfang der 1920er Jahre

Hier, vor den Toren Frankfurts, hat Ludwig Lipp eine besondere Formensprache gewählt, um 1925, in den Jahren des „Neuen Bauens", die Lösungen anzubieten, die überall gesucht wurden: Wie kann die akute Frage der Wohnraumbeschaffung wirtschaftlich sinnvoll und gleichzeitig den Bestrebungen nach „Luft, Licht und Sonne" entsprechend gelöst werden? Die Anlage, die sich in einer heimatlich-traditionellen Hülle präsentiert, erfreut sich großer Beliebtheit – ihre geschützten, begrünten Innenhöfe sind ein wahrer Ruhepol.

Falls Sie von historischen Automobilen fasziniert sind, dann ist die **Central Garage** eine Adresse, die Sie nicht versäumen sollten. Das privat geführte Auto- und Technikmuseum zeigt wechselnde Ausstellungen rund um das Thema Automobil.

CENTRAL GARAGE
Niederstedter Weg 5 · 61348 Bad Homburg v. d. Höhe
Tel.: 06172/5976057 · www.central-garage.de
Öffnungszeiten: Mi. – So. 12:00 – 16:30 Uhr, an Feiertagen geschlossen

9

50er Jahre, Streuobstwiesen und ein grandioser Blick auf Frankfurt

50er Jahre, Streuobstwiesen und ein grandioser Blick auf Frankfurt

Länge: 7,5 Kilometer
Strecke: Laufen durchs Stadtgebiet/Natur/wechselnde Wegbeläge, Feldwege, moderate Steigungen

Die Route startet in **Gonzenheim**, an der Endhaltestelle der U2. Quer gegenüber erreichen wir den Haberweg, dem wir bis zur Kreuzung mit der Kirchgasse folgen. Nach wenigen Schritten sind wir an das untere Ende der Kaiser-Friedrich-Promenade angelangt und biegen rechts ab, bergab am **Gonzenheimer Friedhof** vorbei. Wir passieren die kleine Brücke, die den Kirdorfer Bach überspannt, nicht ohne einen Blick nach links zu werfen, um den geschwungenen, einladenden Weg wahrzunehmen, der am Bach entlang die großzügige Freifläche des **Seedammbades** begleitet. Machen wir vor der Tour einen Abstecher ins Frei- und Hallenbad, oder doch lieber danach? Dann folgen wir dem kurzen Weg entlang der Bahngleise hinauf zur Stift-Tepl-Straße.

SEEDAMMBAD BAD HOMBURG
Seedammweg 7 · 61352 Bad Homburg v. d. Höhe
Tel.: 06172/4013-240
www.stadtwerke-bad-homburg.de/seedammbad/

Das Straßenschild erzählt zwischen den Zeilen eine Geschichte, die typisch ist für die 50er Jahre – eine Zeit der großen Wohnungsnot in der gesamten Bundesrepublik. Es fehlte an Unterkünften für Flüchtlinge und Heimatvertriebene; in Gonzenheim entstand die Marienbader Siedlung, eine Eigenheimsiedlung für die aus Marienbad kommenden Sudetendeutschen, die hier eine neue Heimat fanden, einen Neuanfang.

Wir schreiben das Jahr 1953: die Stadtverordnetenversammlung „als berufene Vertreterin der gesamten Bürgerschaft von Bad Homburg vor der Höhe“ beschließt, die Patenschaft für die sudetendeutsche Kurstadt zu übernehmen. Nach dem Fall des Eisernen Vorhangs besiegelten Bad Homburg und Marianské Lázne im Jahr 1991 eine Städtepartnerschaft.

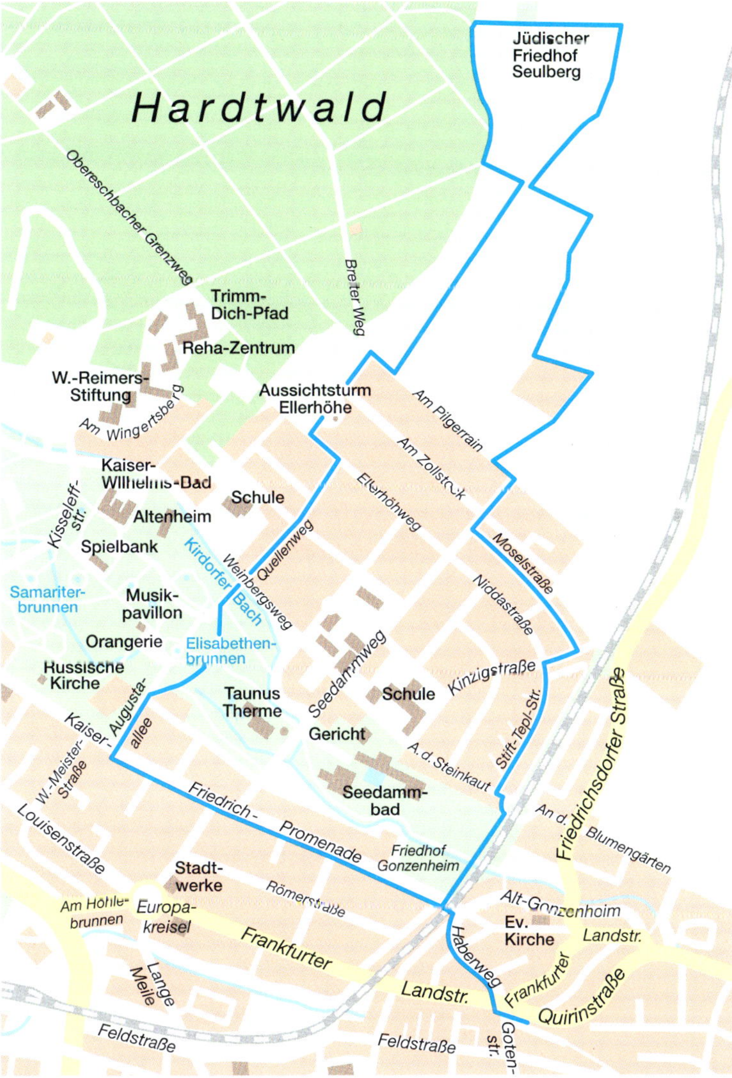

Ein Straßenschild erzählt Geschichte(n)

Auch wenn manche Häuser ihr Gesicht leicht gewandelt haben, der städtebauliche Grundgedanke dieser Siedlung im Grünen ist unverändert geblieben und noch gut lesbar – so gestaltet sich unser Weg als interessanter Gang durch die Geschichte des Urbanismus.

An der Kreuzung mit der Kinzigstraße angelangt, biegen wir rechts ab, dann links in die Moselstraße. Anders als die Stift-Tepl-Straße sind hier nicht Reihen- oder Doppelhäuser bestimmend für das Straßenbild, sondern kleine „Siedlungshäuser", auch sie sind typisch für die Siedlungsarchitektur der 50er Jahre.

Am Seedammweg biegen wir rechts ab und erblicken zur Rechten, dort, wo die Straße aufhört und die Felder anfangen, ein Verwaltungsgebäude von vornehmer Zurückhaltung. Das **Günther-Quandt-Haus** besticht durch die Klarheit und Einfachheit seiner Formen: vier Pavillons auf quadratischem Grundriss erheben sich, als wären große Zelte aufgebaut worden. Pyramidenförmige, erdfarbene Dächer umspannen die vier Bauten und bilden einen starken Kontrast zu der Leichtigkeit der gläsernen Hülle; eine durchge-

Die Marienbader Siedlung Ende der 1950er Jahre

hende Blende unterstreicht die Horizontale der umlaufenden Verglasung, Wasserbassins reflektieren den Himmel.

Einige Schritte weiter, links abbiegend, stehen wir vor dem **Harald Quandt Haus**. Das Grundmotiv des Quadrats und des Zeltdachs wird hier, in einem Bau der einige Jahrzehnte jünger ist als das Günther-Quandt-Haus, in einer anderen Materialsprache variiert: ein Raster aus weißen Strukturelementen, im Dialog mit den verglasten Flächen, die in japanisch anmutender Art durch

Harald Quandt Haus

Inge Quandt Haus

dunkle Fensterprofile unterteilt sind. Gläserne Pyramiden als Spitze der schieferfarbenen Dächer mildern die scharfe Trennung zwischen der Geometrie des Gebäudes und der Lebhaftigkeit des Himmels. Die Laubengänge umspannen beide Geschosse und bilden einen wohltuenden „Zwischenraum", einen Puffer zwischen innen und außen. Dunkle Rankgerüste, von Glyzinien bewachsen, verleihen der gesamten Struktur Rhythmus und lassen in der Zeit der Glyzinienblüte eine weitere Farbe ins schwarzweiße Spiel eintreten.

Vor dem Gebäude, im Teich, bewegt sich beim leisesten Windhauch eine faszinierende metallene Skulptur, deren Oberfläche mit jeder Bewegung die Farben des Himmels anders widerspiegelt: „Double L Excentric Gyratory Pond (1984)". Sie verkörpert die Suche George Rickeys, einem der Pioniere der amerikanischen kinetischen Kunst, nach Bewegung, die allein unter dem Einfluss der Kräfte der Natur, und somit des Zufalls, entsteht. Schwerkraft und Wind reichten aus, so seine Überzeugung, „um daraus Meisterwerke entstehen zu lassen". Das Spektrum der Erscheinungsformen des Objekts ist unendlich, verändert sich mit dem Licht und lädt ein, sich in die Betrachtung des ewig Neuen zu vertiefen.

Bevor wir unseren Weg durch die Felder in Richtung der Streuobstwiesen weiter verfolgen, werfen wir einen Blick in Richtung des benachbarten **Inge Quandt Haus**. Das dritte im Bunde dieser Verwaltungsgebäude der besonderen Art spricht wiederum eine andere Sprache – die der ersten Jahre des 21. Jahrhunderts: leicht, transparent, der freien Formeinteilung verschrieben. Das von Jochem Jourdan geplante Haus mit geschwungener Fassade ist von Materialien geprägt, die ebenfalls die Natur zur Sprache kommen lassen: Glas spiegelt die Felder und den Himmel wider, Stein und Holz bilden den Rahmen dazu. Das begrünte und weit ausladende Dach lässt das das Gebäude von weitem wie einen Teil der Landschaft erscheinen.

Gestalterisch bleibt jedes dieser besonderen Gebäude der Zeit seiner Entstehung treu – auch hier haben wir die Möglichkeit, Architekturgeschichte „en passant“ zu erfahren. Doch wir wollen weiter, in Richtung Natur. Der Feldweg, der vor dem Harald Quandt Haus anfängt. führt in Richtung **Seulberg**, und bald sind, zur Linken, vor der dunklen Kulisse des **Hardtwaldes**, die Streuobstwiesen erreicht.

Wenn wir von hier aus bergauf in Richtung des Waldes gehen, und dann an einem alten, knorrigen Apfelbaum haltmachen, haben

Blick in Richtung Hardtwald

Blick in Richtung Skyline

wir einen unvergesslichen Blick nach Frankfurt: die Silhouette der Hochhäuser zeichnet sich deutlich ab, besonders schön in der Morgen- oder Abenddämmerung. Das Ganze ist umgeben von einem Zauber der Unwirklichkeit – wir sind mitten in der Natur, und die Stadt in der Ferne wirkt wie eine Fata Morgana. An einem sonnigen, warmen Tag gibt es nichts Schöneres, als hier kurz zu verweilen und sich an dem Dialog Natur-Baukultur zu erfreuen.

Streuobstwiesen sind wertvolle Lebensräume und prägen das Landschaftsbild. Die Stadt Bad Homburg unterstützt auf vielfältige Weise den Erhalt und die Pflege dieser landschaftsprägenden Biotope.

Ein kurzer Abstecher jenseits der Bad Homburger „Grenze", immer noch im Reich der Streuobstwiesen, führt uns zum **Jüdischen Friedhof Seulberg**, ein Kulturdenkmal, einer der ältesten erhaltenen jüdischen Friedhöfe in Hessen.

Von dort aus haben wir die Wahl: wir können in Richtung Stadt am Waldrand zurücklaufen, oder einen der Fußwege, die durch die Obstwiesen führen, nehmen.

Streuobstwiesen

Begegnungen am Wegesrand

Wieder im städtischen Gefüge angekommen, folgen wir der Straße „Am Baumgarten“ und können den **Ellerhöhturm**, 1889 vom Homburger Verschönerungsverein als Aussichtsturm errichtet, bestaunen oder besteigen.

Am Ellerhöhweg rechts abbiegend haben die Sportlichen die Möglichkeit, die Rundroute oder den **Trimm-dich-Pfad** im Hardtwald kennenzulernen (siehe Serviceteil), die Stadtbegeisterten biegen links ab und folgen dem Quellenweg in Richtung **Kurpark**, vorbei an

Ellerhöhturm

Thai-Sala an der Chulalongkorn-Quelle

der denkmalgeschützten Villa Quellenweg 2 mit ihrem bemerkenswerten, polychromen Erker.

Geschwungen wie die Alleen des Parks führt der Quellenweg, gesäumt von altem Baumbestand, weiter in Richtung Stadt. Zu unseren Rechten glänzt das Dach der **Thai-Sala** an der **Chulalongkorn-Quelle**, links bringt uns ein Fußweg in wenigen Minuten zur **Taunus Therme** oder zum **Seedammbad**.

TAUNUS THERME
Seedammweg 10 · 61352 Bad Homburg v. d. Höhe
Tel.: 06172/4064-0 · www.taunus-therme.de

An der Augusta-Allee, die die Blicke und Schritte zum Erker einer Jacobi-Villa an der Kaiser-Friedrich-Promenade leitet, befindet sich eine denkmalgeschützte Villa von 1901, die vielfältige Jugendstil-Einflüsse ausweist. Wir biegen links in die Kaiser-Friedrich-Promenade ein und folgen der von alten Bäumen und Villen gesäumten, ruhigen Straße zurück zum Startpunkt unseres Rundgangs.

Entlang …

Die Freude am Entdecken der zahlreichen Zeugen aus der Zeit des „Weltbades“ überlasse ich Ihnen!

… der Kaiser-Friedrich-Promenade

Lauter Individualisten: Bad Homburgs Stadtteile

Lauter Individualisten: Bad Homburgs Stadtteile

Historische Plätze, bedeutsame Kirchen, lebhafte Feste: Bad Homburgs Stadtteile haben in vielerlei Hinsicht ihren individuellen Charakter und ihre Traditionen bewahrt. Um Sie auf einen Erkundungs-Abstecher neugierig zu machen, sind hier nur einige der vielen Sehenswürdigkeiten aufgelistet. Kulturgeschichtliche Ortsrundgänge sind als Schautafeln in den Stadtteilen präsent und können auch als Flyer bezogen werden.

Dornholzhausen

Das **Gotische Haus**, die Galerie des Kunstvereins **Artlantis** und der **Große Tannenwald** (vgl. S. 123 ff) gehören alle zu Dornholzhausen. Schöne Wanderwege vor der Haustür tragen zur Beliebtheit des Stadtteils bei.

Waldenserkirche

Der **„Hugenotten- und Waldenserpfad"**, eine Europäische Kulturroute, führt an der 1724 von Glaubensflüchtlingen aus Piemont errichteten **Waldenserkirche** (Dornholzhäuser Straße 12) vorbei. Die Kanzel zeigt das Motiv der Taube mit dem grünen Zweig im Schnabel aus der biblischen Geschichte der Arche Noah. „Je trouve ici mon asile" (= hier finde ich meine Zuflucht) steht darunter – die Waldenser hatten eine neue Heimat gefunden.

Gonzenheim

Die **Evangelische Kirche Gonzenheim** (Kirchgasse 8) entstand in ihrer heutigen Form nach einem 1877 durch Louis Jacobi erfolgten Umbau, wobei der Kirchturm bereits 1848 von Jakob Westerfeld neu errichtet wurde. Die leuchtende Farbgebung im Inneren folgt der ursprünglichen Gestaltung des 19. Jahrhunderts.

Die katholische **Heilig-Kreuz-Kirche** (Auf der Schanze), 1952/1953 von Ferdinand Wagner erbaut, beeindruckt als stimmiges Raumerlebnis in der eleganten Bildsprache der 50er Jahre. Die 1995 vorbildlich restaurierte Walker-Orgel von 1867, die einst in der Englischen Kirche erklang, ist die einzige noch erhaltene englische Orgel des 19. Jahrhunderts in ganz Deutschland.

Im alten Ortskern, im 1619 errichteten Kitzenhof, betreibt der geschichtliche Arbeitskreis ein **Heimatmuseum**. Das **Seedammbad** und das Thermalbad **Taunus Therme** tragen zum Freizeitangebot bei.

HEIMATMUSEUM GONZENHEIM
Am Kitzenhof 4 · 61352 Bad Homburg
Te.: 06172/450070 · www.gagzh.de
Öffnungszeiten: So. 15 – 18 Uhr, außer in den hessischen Schulferien

Evangelische Kirche Gonzenheim, Portal

St. Johanneskirche im Abendlicht

Kirdorf

Der „**Kirdorfer Dom**" ist das Wahrzeichen des Stadtteils. Die 1858–1862 nach einem Entwurf von Ignaz Opfermann erbaute katholische **St. Johanneskirche** (Am Kirchberg 2) beherbergt die denkmalgeschützte Dreymann-Orgel von 1861.

1913 wurde die von Heinrich Jacobi entworfene evangelische **Gedächtniskirche** geweiht (Weberstraße/An der Gedächtniskirche). Kanzel, Altar, Taufstein und Kronleuchter stammen aus der ehemaligen Schlosskirche. Das **Heimatmuseum** bietet zahlreiche Informationen rund um das 1901 eingemeindete Kirdorf. Das Kirdorfer Feld steht unter Naturschutz; die **Streuobstwiesen** werden fachkundig gepflegt.

KIRDORFER HEIMATMUSEUM E.V
Am Kirchberg 41 · 61350 Bad Homburg
Tel.: 0160/5225047 · www.museum-kirdorf.de
Öffnungszeiten: So. und Mi. 15–17 Uhr

Ober-Erlenbach

Die von weitem sichtbare Silhouette der katholischen Kirche **St. Martin** (Ober-Erlenbacher Straße 9) ist ortsprägend – 1765 entstand sie in ihrer heutigen Form. Im lichten Kirchenraum mit barockem Hochaltar steht die älteste original erhaltene Orgel Bad Homburgs: Die 1840 erbaute, 1990 renovierte und vervollständigte Orgel des Instrumentenbauers Bernhard Dreymann.

Die **Alte Schule**, ein Gebäude von 1901, beherbergt das Ober-Erlenbacher **Heimatmuseum**.

HEIMATSTUBE
OBER-ERLENBACH
Am Alten Rathaus 9
61352 Bad Homburg v. d.Höhe
www.heimatstube-obererlenbach.com
Öffnungszeiten: jeden 1. So. im Monat, außer Neujahr, Oster- und Weihnachtsfeiertage

St. Martin

Ober-Eschbach

Die 1731 eingeweihte evangelische Kirche **Zur Himmelspforte** (Ober-Eschbacher Straße 76) birgt im Inneren wahre Schätze: Die 1663 datierte Kanzel und der Altar stammen aus der Hanauer Fürstenkirche. Hier erklingt die Bernhard-Orgel aus dem Jahre 1849.

Schule am Eschbachtal

Daneben erhebt sich der **Oberhof**, ein stattlicher Bau des 17. Jahrhunderts. Der Weg An der Ringmauer ist durchaus romantisch, doch der Ortsteil hat auch Modernes im alten Kern zu bieten: Die **Schule am Eschbachtal** ist ein gelungenes Beispiel dafür.

VOR DEN TOREN DER STADT

Römerkastell Saalburg

Wer sich gerne auf Zeitreise begibt, ist im Römerkastell Saalburg und im archäologischen Museum an richtiger Stelle. Das auf Veranlassung Kaiser Wilhelms II., der hier als Kind begeistert durch die Ausgrabungsstätte streifte, durch Louis Jacobi 1897–1907 rekonstruierte Kastell gehört zum UNESCO-Welterbe Limes. Der obergermanisch-rätische Limes bildet zusammen mit dem Hadrianswall die grenzüberschreitende Welterbestätte „Grenzen des Römischen Imperiums". Das Kastell wurde 2003–2009 zu einem Archäologischen Park ausgebaut. Mitten in der Natur, vor der eindrucksvollen historischen Kulisse, wird hier Vergangenheit lebendig. Veranstaltungen und Führungen informieren über das Leben zur Römerzeit.

Die Saalburg: ein Publikumsmagnet

RÖMERKASTELL SAALBURG · Archäologischer Park
Am Römerkastell 1 · 61350 Bad Homburg
Tel.: 06175/9374-0 · www.saalburgmuseum.de
Öffnungszeiten: März – Okt. tägl. 9 – 18 Uhr,
Nov. – Feb. Di. – So. 9 – 16 Uhr

Herzbergturm

Der Herzberg ist ein beliebtes Ausflugsziel aller Homburger – kaum einer, der hierher nicht bereits im Grundschulalter einen Klassenausflug gemacht hätte. Von der Plattform des 1910/1911 errichteten Aussichtsturms, dessen Formensprache an die Bauten des nahe gelegenen Römerkastells anknüpft, hat man eine unvergleichliche Fernsicht.

Herzbergturm und Herzberg-Gasthof
www.bad-homburg-tourismus.de/entdecken/ausflug_herzberg.htm

Herzbergturm

AUSFLUGSZIELE

Von den zahlreichen lohnenden Ausflugszielen in der Nähe seien hier nur das **Freilichtmuseum Hessenpark**, das mit historischen Wohnhäusern, Dorfschule, Kirche und Handwerksstätten ein anschauliches Bild des ländlichen Lebens von einst vermittelt, der Freizeitpark **Lochmühle** und der **Opel-Zoo**, der nicht nur Kinderherzen höher schlagen lässt, erwähnt.

FREILICHTMUSEUM HESSENPARK · Laubweg 5 · 61267 Neu-Anspach
Tel.: 06081/588-0 · www.hessenpark.de

Freizeitpark Lochmühle 61273 Wehrheim
Tel.: 06175/790060 · www.lochmuehle.de

OPEL-ZOO · von Opel Hessische Zoostiftung,
Königsteiner Straße 35 · 61476 Kronberg im Taunus
Tel.: 06173/79749 · www.opel-zoo.de

Wertvolle weitere Tipps sind auf der Internet-Seite
www.bad-homburg-tourismus.de/entdecken/ausflug.htm zu finden.

Hessenpark

Service, Veranstaltungen

TOURISTENINFORMATION

Anreise, Hotelreservierung, Veranstaltungen und Events
Tourist Info + Service Bad Homburg v. d. Höhe
Louisenstraße 58/Kurhaus
61348 Bad Homburg
Tel.: 06172/1783710
www.bad-homburg-tourismus.de

Alle Jahre wieder: das Laternenfest

VERANSTALTUNGEN IM JAHRESKREIS/EINE AUSWAHL:

- Bad Homburger Musiknacht: jährlich/März
- Gesundheitswochen-Triathlon: alle zwei Jahre/Frühjahr
- Bad Homburger Weinfest: jährlich/Mai
- Blickachsen: alle zwei Jahre/Ende Mai bis Anfang Oktober
- Jazz-Festival Swinging Castle: jährlich in der Fronleichnamswoche
- Poesie- und Literaturfestival: jährlich/Juni
- Friedrich-Hölderlin-Preisverleihung: jährlich/Juni
- Bad Homburger Sommer: jährlich
- Rallye Bad Homburg Historic: jährlich/Juli

- Radrennen „Rund um den Kurpark“: jährlich/August
- Amazing Thailand: jährlich/August im Rahmen des Bad Homburger Sommers
- Laternenfest: jährlich/am letzten August/ersten September-Wochenende
- Bad Homburger Windhund-Festival: jährlich/September
- JazzT.Bad Homburg – Jazztage Bad Homburg: September
- Bad Homburger Schlösser- und Burgenfahrt: alle zwei Jahre/September
- Orgelfestival Fugato: alle zwei Jahre/September
- Bad Homburger Kurparklauf: jährlich/Oktober
- Erntedankmarkt: jährlich/Oktober
- Bad Homburger Kulturnacht: jährlich/Oktober
- Romantischer Weihnachtsmarkt am Schloss: jährlich/Adventszeit

Bei allen Veranstaltungen haben sich, auch aufgrund der Corona-Pandemie, Veränderungen des Formats und Verschiebungen der Termine ergeben. Entnehmen Sie bitte der Presse, bzw. den jeweiligen Homepages den aktuellen Stand.

ROUTEN UND PFADE

- Hölderlin-Pfad: www.frankfurt.de
- Hugenotten- u. Waldenserpfad: www.hugenotten-waldenserpfad.eu

Seit Mai 2013 ist der Hugenotten- und Waldenserpfad vom Europarat als „Europäische Kulturroute“ ratifiziert. Sie wurde erarbeitet, um das Bewusstsein für das historische Kulturerbe der Hugenotten und Waldenser zu bewahren und in Verbindung zu bringen mit der Aktualität der Themen Exil, Migration und Integration.

- Route der Industriekultur Rhein-Main: www.route-der-industriekultur-rhein-main.de
- Route des Regionalparks Rhein-Main: www.regionalpark-rheinmain.de

Vergnügung einst: Schubkarrenrennen um 1885

- Rundwanderweg Kurlandschaft: www.bad-homburg.de/kultur/archiv-geschichte/weltkulturerbe/rundwanderweg-kurlandschaft.php#c43
- Via Brentano – Route der Romantik: www.krfrm.de/c/vb/
- Virtueller Stadtrundgang: https://www.bad-homburg.de/kultur/archiv-geschichte/virtueller-stadtrundgang.php

SCHATZSUCHE, SPORT

- Geocaching: https://www.bad-homburg-tourismus.de/entdecken/sport_geocaching.htm
- Stempelpass-App: https://www.stempelpass.de/Bad-Homburg/Bad-HomburGo.html
- Walking- und Joggingstrecken: https://www.bad-homburg-tourismus.de/entdecken/sport_walkingjogging.htm

BARRIEREFREIES BAD HOMBURG

Infos unter: https://www.bad-homburg-tourismus.de/entdecken/info_barrierefreiheit.htm

FÜHRUNGEN

TOURIST INFO + SERVICE BAD HOMBURG V. D. HÖHE

Öffentliche Führungen (Stadtführung, Kurparkführung, Botanische Führung, etc.) und individuelle Gruppenführungen (auch fremdsprachige Führungen)

www.bad-homburg-tourismus.de/entdecken/freizeit_fuehrungen.htm

info@bad-homburg-tourismus.de · Tel.: 06172/178-3714

INFORMATIONSZENTRUM LANDGRÄFLICHE GARTENLANDSCHAFT

Schweizerei im Kleinen Tannenwald – April bis Mitte Oktober, Mi. 14–18 Uhr

Führungen: Elzbieta Dybowska · schweizerei@bad-homburg.de

Tel.: 06172/2661189 · 0162/2501821

ARCHIKULTUR RUXANDRA-MARIA JOTZU

Die Autorin des Bandes „Bad Homburg zu Fuß“ bietet individuelle Gruppenführungen durch die Stadt oder durch die Landgräfliche Gartenlandschaft an – gerne auch auf Französisch, Italienisch, Englisch oder Rumänisch

architektur@jotzu.de · Tel.: 06172/451447

Zu den Veranstaltungen und Führungen, die vom Museum im Gotischen Haus, Landgrafenschloss Bad Homburg, Römerkastell Saalburg, Freilichtmuseum Hessenpark angeboten werden, siehe jeweilige Info-Vermerke in diesem Band.

Literatur-Auswahl

- Baeumerth, Angelika: 1200 Jahre Bad Homburg v. d. Höhe, Magistrat der Stadt Bad Homburg v. d. Höhe (Hg.), Bad Homburg v. d. Höhe 1982.
- Baeumerth, Angelika: Die Dorotheenstraße. Eine Bad Homburger Straße in Geschichte und Gegenwart, in: Aus dem Stadtarchiv 2000/2001, Bad Homburg v. d. Höhe 2002.
- Baeumerth, Angelika: Die Dorotheenstraße. Eine Bad Homburger Straße in Geschichte und Gegenwart, in: Aus dem Stadtarchiv 1996/97, Bad Homburg v. d. Höhe 1998.
- Baeumerth, Angelika: Die Louisenstraße. Drei Jahrhunderte im Wandel, in: Aus dem Stadtarchiv 1999/2000, Bad Homburg v. d. Höhe 2001.
- Bechler, Katharina/Worms, Kirsten/Staatliche Schlösser und Gärten Hessen (Hg.): Princess Eliza. Englische Impulse für Hessen-Homburg, Petersberg 2020.
- Datzkow, Beate: Das Gotische Haus im Großen Tannenwald zu Bad Homburg vor der Höhe, Aus dem Stadtarchiv – Sonderband, 2005.
- Dölemeyer, Barbara: Louis Jacobi und seine Zeit. Homburger Architekt und Bürger – Wiedererbauer der Saalburg, Verein für Geschichte und Landeskunde Bad Homburg vor der Höhe (Hg.), Friedrichsdorf 2010.
- Fechtner, Harald: Das Alte Bad Homburg 1870–1920, Villingen 1994.
- Grosche, Heinz: Geschichte der Stadt Bad Homburg vor der Höhe, Band III: Die Kaiserzeit, Frankfurt/M 1986.
- Grzechca-Mohr, Ursula: Erinnerungskultur. Die Rezeption des Mittelalters und ihr Einfluss auf die Architektur des Gotischen Hauses, in: Romantik in Homburg, Magistrat der Stadt Bad Homburg v. d. Höhe (Hg.), Petersberg 2012.
- Grzechca-Mohr, Ursula: Vom Model bis zum Motorrad. Eine universelle Sammlung im Gotischen Haus und im Horex Museum,

in: 100 Jahre Sammeln, Magistrat der Stadt Bad Homburg v. d. Höhe (Hg.), Petersberg 2016.

- Handke, Edelgard: Landgräfin Elizabeth und das Gotische Haus, Bad Homburg v. d. Höhe 1985.
- Jotzu, Ruxandra-Maria/Walsh, Gerta/Wächstershäuser, Alexander: Louis Jacobi. Bad Homburg und sein Baumeister, Frankfurt 2010.
- Jotzu, Ruxandra-Maria: Eine Inszenierung des Badens: Das Kaiser-Wilhelms-Bad, in: Homburg wird Bad! Geschichte(n) vom Kurwesen und Bäderarchitektur, Magistrat der Stadt Bad Homburg v. d. Höhe (Hg.), Petersberg 2012.
- Junker-Mielke, Stella und Walsh, Gerta: Gartenlandschaft in Bad Homburg v. d. Höhe, Bad Homburg v. d. Höhe 2001.
- Lingens, Peter: Zur Frühgeschichte der Homburger Quellen und Brunnen. Auffindung, Architektur, Andenkengrafik, in: Homburg wird Bad! Geschichte(n) vom Kurwesen und Bäderarchitektur, Magistrat der Stadt Bad Homburg v. d. Höhe (Hg.), Petersberg 2012.
- Lingens, Peter: Das Städtische historische Museum Bad Homburg. Eine kurze Geschichte der ersten 50 Jahre(1916–1966), in: 100 Jahre Sammeln, Magistrat der Stadt Bad Homburg v. d. Höhe (Hg.), Petersberg 2016.
- Lotz, Friedrich: Geschichte der Stadt Bad Homburg vor der Höhe, Band II: Die Landgrafenzeit, Frankfurt/M 1972.
- Metz, Christian: Schloss Homburg vor der Höhe, Verwaltung der Staatlichen Schlösser und Gärten (Hg.), Broschüre 23, Regensburg 2006.
- Modrow, Bernd: Schlosspark Homburg vor der Höhe, Verwaltung der Staatlichen Schlösser und Gärten (Hg.), Broschüre 26, Regensburg 2007.
- Pühringer, Andrea: Hessischer Städteatlas. Lfg. III,1. Bad Homburg vor der Höhe. Textheft, Ursula Braasch-Schwersmann (Hg.), Marburg 2012
- Staatliche Schlösser und Gärten Hessen, Katharina Bechler, Kirsten Worms (Hg.): Princess Eliza. Englische Impulse für Hessen-Homburg, Petersberg 2020.

- Reepen, Iris und Gröschel, Claudia: Schloss Homburg vor der Höhe. Englischer Flügel/Elisabethenflügel, Verwaltung der Staatlichen Schlösser und Gärten (Hg.), Broschüre 5, Bad Homburg und Leipzig 1998.
- Rowedder, Eva: Denkmaltopographie Bundesrepublik Deutschland. Kulturdenkmäler in Hessen. Stadt Bad Homburg v. d. H., Landesamt für Denkmalpflege Hessen, Stuttgart 2001.
- Walsh, Gerta: Bemerkenswerte Frauen in Homburg. Frauen prägen 300 Jahre Homburger Geschichte, Frankfurt/M 1995.
- Walsh, Gerta: Denkmäler in Bad Homburg. Geschichten rund um berühmte Denkmäler der Kurstadt, Frankfurt/M 2003.
- Walsh, Gerta: Schornsteine in der Kurstadt. Die Anfänge der Homburger Industrie, Magistrat der Stadt Bad Homburg v. d. Höhe (Hg.), Frankfurt/M 1993.

Die jährlich erscheinende Publikation „Aus dem Stadtarchiv", Magistrat der Stadt Bad Homburg v. d. Höhe (Hg.), dokumentiert spannende und akribisch recherchierte Vorträge zu den vielfältigen Facetten der Bad Homburger Geschichte. 2020 ist der 31. Band erschienen. Genauso wichtig ist der Beitrag zur profunden Kenntnis der Geschichte Bad Homburgs, den die „Mitteilungen des Vereins für Geschichte und Landeskunde Bad Homburg vor der Höhe" jährlich leisten. 2020 ist der 69. Band erschienen.

Bildnachweis

- Aulock von, Michael/Städtisches historisches Museum Bad Homburg v. d. Höhe: 131, 144
- Bielinski, Vero/Stadt Bad Homburg v. d. Höhe: 96
- Häger, Ralf /Stadt Bad Homburg v. d. Höhe: 48–49
- Heiber, Claudia: 136
- Jotzu, Ruxandra-Maria: Titelbild, 8–9, 12 oben li., 13–15, 19–25, 27 oben, 32–33, 37–39, 41 unten, 44, 47 oben, 51, 53, 54 oben, 56 oben, 57, 58, 59 oben, 60, 61 unten, 62, 63 u., 68, 70, 71 u., 72, 73 oben, 74–76, 78 oben, 79, 80–81, 83, 85–87, 89 unten, 91–95, 96 unten, 97–99, 101–106, 107 oben, 108, 110, 112, 116 unten, 117 oben, 118–121, 124 oben, 125, 128, 129, 132–133, 135–141, 143, 146–147, 150, 151 unten, 152–162, 163 unten, 166
- Jungheinrich, Cornelius: 165
- Kittel, Gerd/Kur & Kongress GmbH: 18, 29, 40 oben, 54 unten, 69, 73, 111, 115, 117, 130, 163, 164, 167
- Lebeau, Manfred/St. Marien Kirche: 59 unten
- Lingens, Peter: 47 unten, 124 unten
- Mayer, Bernd/Städtisches historisches Museum Bad Homburg v. d. Höhe, Museum im Gotischen Haus (Inv. Nr. in Klammern): 43 (20127138), 46 (1993/307), 52 oben re., 77 (1989/A353), 107 unten (1991/231), 113, 142
- Miguletz, Norbert/Städtisches historisches Museum Bad Homburg v. d. Höhe, Museum im Gotischen Haus: (Inv. Nr. in Klammern): 126 oben (2012/227), 126 unten (1989/478), 127 (2011/97)
- Stadtarchiv Bad Homburg v. d. Höhe: 11, 12 oben li., 16, 17, 27 unten, 35, 42, 56 unten, 61 oben, 63, 64–65, 67, 71 oben, 78 unten, 84, 88, 89, 109, 111, 114, 123, 151 oben, 168
- Staatliche Schlösser und Gärten Hessen: 29, 30
- Stapenhorst, Fa., Luftaufnahme für die Stadt Bad Homburg v. d. Höhe: 28
- Storch, Joachim, Central Garage: 145

Die Autorin

Die Leidenschaft für ihren Beruf als Architektin und ihre Begeisterung für Kunst gehen Hand in Hand mit ihrer Freude am Entdecken von neuen Facetten Bad Homburgs. Die Streifzüge durch die Stadt und ihre grünen Oasen sind eine Quelle der Inspiration – die sie gerne mit Ihnen teilen möchte.

www.archikultur.com
architektur@jotzu.de

ERHÄLTLICH IM BUCHHANDEL ODER AUF WWW.SOCIETAETS-VERLAG.DE

Aus unserer beliebten Reihe:

Michael Kibler
Darmstadt zu Fuß
140 Seiten, Broschur
ISBN 978-3-95542-292-9, € 14,00

K. Müller-Urban/E. Urban
Frankfurt zu Fuß
200 Seiten, Broschur
ISBN 978-3-95542-349-0, € 14,00

Norbert Schmidt, Marc Schäfer
Gießen zu Fuß
220 Seiten, Broschur
ISBN 978-3-95542-383-4, € 14,00

Susanne Kahlig
Heidelberg zu Fuß
200 Seiten, Broschur
ISBN 978-3-95542-308-7, € 14,00

Bei uns nimmt Ihr Glück seinen Lauf
Die Gebrüder Blanc brachten 1841 mit der Gründung der Spielbank das Glück nach Bad Homburg. Inmitten des denkmalgeschützten Kurparks gelegen, erwartet das Traditionshaus bis heute seine Gäste aus aller Welt mit kleinen und großen Glücksmomenten. Ob bei einer Partie Roulette, Poker und Black Jack oder im Spielbank-Restaurant »Le Blanc« – das Vergnügen ist bei uns immer auf Ihrer Seite.
www.spielbank-bad-homburg.de
François Blanc
Spielbank Bad Homburg
seit 1841
Zutritt ab 18 Jahren | Bitte Personalausweis mitbringen
Damit Glücksspiel nicht zur Sucht wird: Beratung unter 0800 / 137 27 00

Liniennetzplan 2021 Bad Homb

Tagesverkehr: täglich bis ca. 2